众智数学

蔡柱权 著

九州出版社 JIUZHOUPRESS | 全国百佳图书出版单位

图书在版编目（CIP）数据

众智数学 / 蔡柱权著. -- 北京 ：九州出版社，
2022.11

ISBN 978-7-5225-1328-7

Ⅰ．①众… Ⅱ．①蔡… Ⅲ．①小学数学课－课堂教学
－教学改革 Ⅳ．①G623.502

中国版本图书馆CIP数据核字(2022)第202983号

众智数学

作 者	蔡柱权 著	
责任编辑	黄瑞丽	
出版发行	九州出版社	
地 址	北京市西城区阜外大街甲 35 号 (100037)	
发行电话	(010)68992190/3/5/6	
网 址	www.jiuzhoupress.com	
印 刷	北京捷迅佳彩印刷有限公司	
开 本	710 毫米 ×1000 毫米 16 开	
印 张	11.25	
字 数	150 千字	
版 次	2023 年 2 月第 1 版	
印 次	2023 年 2 月第 1 次印刷	
书 号	ISBN 978-7-5225-1328-7	
定 价	58.00 元	

目　录

第一篇　组织管理篇　　　　　　　　　　　　　　　　　　　　1

第一节　完善科组管理　构建众智学堂　　　　　　　　　　3

第二节　学习型数学教研组建设　　　　　　　　　　　　　9

第三节　小学数学"众智学堂"的实践研究　　　　　　　　18

第四节　落实"十要"要求　推动众智数学常态有效　　　　41

第二篇　课堂实践篇　　　　　　　　　　　　　　　　　　　53

第一节　明确课标要求　实施有效教学　　　　　　　　　55

第二节　科学设置　促进学生智慧生成　　　　　　　　　64

第三节　精读活用教材　提高课堂质量　　　　　　　　　70

第四节　精准把握教材　优化作业设计　　　　　　　　　74

第三篇　智慧教研篇　　　　　　　　　　　　　　　　　　　79

第一节　用好《教师教学用书》　促进众智学堂建设常态化　81

第二节　聚焦众智学堂的校本教研模式研究　　　　　　　86

第三节　小学数学教师教学智慧生成路径研究　　　101

第四节　小学数学"图形与几何"教学策略的实践研究　　　133

结语　众智学堂"争章""六好习惯"养成　　　**163**

参考文献　　　**171**

第一篇　组织管理篇

第一节　完善科组管理　构建众智学堂

教学是学校的中心工作，课堂是教学的主阵地。要想抓好课堂教学，必须完善学科组管理。这就要求学科组根据新课程标准的要求，结合学校和学生的实际情况，积极构建众智学堂，促进学生全面发展。

一、抓严课堂，规范测试

课堂管理是有效教学的重要组成部分，也是提高教学质量的关键。如何有效地管理课堂呢？首先，科组长制定《课堂管理责任制》，明确指出任课教师是课堂的管理者，应有效地组织课堂教学，全权处理课堂上出现的问题。其次，任课教师与全班同学共同制定《课堂公约》，并将《课堂公约》贴在教室醒目的地方，使全班同学形成良好的学习、生活习惯。最后，任课教师依据学校工作计划，结合本班、本学科教学、学生实际，制订切实可行的教学计划。

单元测试是一种教学质量检查性考试，目的在于通过考试检查学生一个阶段的学习情况，从而为教师进一步开展教学提供一个方向和借鉴。严格而有序的单元测试，能起到温故而知新的作用。首先，教师根据《教师教学用书》和学生的学习情况进行单元测试，单元测试卷可由同年级的教师流水批改，以便取长补短。其次，科组长要做好单元测试的评估工作。科组长可通过查看各班级单元测试卷的作答、批改情况，掌握各科任课教师的教学情况，根据发现的问题，督促他们改进工作方法，提高教学质量。最后，做好期中、期末教学质量评估工作，加强对教学质量的监控和考核。

二、树立规矩，规范组织

课堂既是传授知识的重要场所，也是培养学习习惯的重要渠道。其中，培养良好的学习习惯，对于促进学生的学习乃至成长起着至关重要的作用。教师不仅是知识的传授者，更是课堂的组织者和管理者，让学生树立规矩意识、理解和掌握教学内容、养成良好学习习惯，是提升课堂教学质量的前提。

众智学堂的构建，离不开五方面的结合：

（一）说与做相结合

课堂教学的基本流程包括：课前准备，课中独立思考，合作学习，课后反思。有效的课堂教学不仅要让学生听懂教学内容，还要让学生知道怎样做。在课前准备环节，让学生提前准备好教科书、练习本、削好的铅笔以及其他教学用具；在合作学习环节，老师先把教材内容传授给学生，根据学生完成课堂练习的情况，对本节课进行总结；课后反思环节，引导学生通过检查课堂练习，以查漏补缺。

（二）讲与学相结合

课堂教学中，教师的讲与学生的学是相互促进的，此即所谓的"教学相长"。只有学生认真听讲，才能理解知识；只有学生自主学习，才能真正掌握知识。因此，教师的讲解必须与学生的学习有机结合。如在讲授两位数加减两位数时，可以引导学生灵活使用数学学具进行计算，激发学生的学习积极性。

（三）动与静相结合

课堂上的 40 分钟，既有动也有静，教师在组织课堂教学时，要告诉学生"静"时应做什么，"动"时应做什么。例如，小组讨论时，应让一个人先说，其他人则认真倾听；小组长负责将小组成员的意见进行汇总，形成小组意见。需要动手操作教具时，可指定一人做记录，其他成员一起动手，共同完成老师布置的任务。也就是说，要"动"得有组织，"动"得有成效。而保持安静的时候，可以看自己喜欢的书、完成老师布置的作业。

课堂上动与静的有机结合，不仅可以激活课堂互动机制，还可以提升教与学的和谐度，增强学生间的合作意识与能力。

（四）慢与快相结合

教师要想有效地利用 40 分钟的教学时间、提高课堂效率，须合理把握课堂教学节奏。凡是课堂教学效率较高的教师，必定善于控制教学节奏；凡是不善于控制教学节奏的教师，往往前松后紧，或是"赶鸭子"式地讲完，或是拖堂。那么，课堂教学何时该慢呢？一般而言，对于教学中的重点和难点，教师要详细讲解，并留给学生足够的思考时间。教学内容较简单、知识跨度不大、前后对比不明显之处，应该快讲；课堂练习难度不大时，应该快讲。

各教学环节之间的衔接、各知识点之间的正迁移、教学步骤及课堂活动的安排，都需要教师在课前做好整体设计，课堂中进行灵活调整，从而合理把握课堂教学节奏。

（五）评与奖相结合

高效的课堂教学，离不开有效的课堂评价。课堂评价主要分为个人评价、同桌评价、四人小组评价、大组评价。评价的内容有：课堂听讲、回答问题、课堂纪律、课堂作业等。评价的手段有：小组评价、班主任评价、家长评价、其他任课教师评价等。

有了评价，还要有奖励。奖励主要分为语言表扬、积分表扬、红花（星）表扬、奖状表扬和物质表扬。其中，语言表扬可以贯穿课堂，积分表扬、红花（星）表扬可以按周、月、学期累计，根据累计情况给予相应的物质奖励；奖状表扬通常在学期末颁发。

总之，评价的方式多种多样，奖励的手段也丰富多彩，评与奖的有机结合有助于促进课堂教学更加有效、有"味"。

三、抓活备课，规范作业

备课是上好课的前提，是课堂教学质量提高的重要保障，也是教师总结和积累教学经验、提高业务水平的重要手段。备课的总要求是：要备"适用"的课，不备"好看"的课；要板块式，不要流水账式；要多样化的备课，不要规定的备课。多样化的备课，就是依据校情、学情和学科特点来备好每一节课。常见的备课方式有：批注式备课、板书式备课、图表式备课等。但是不管采用哪种方式备课，都要根据学科课程标准的要求和本门课程的特点，并结合学生的实际情况，选择最合适的流程设计和教学策略、教学智慧，以保证学生高质量地学习。需要注意的是，即使是同一学科的不同教学内容（如数学学科的数与代数、几何与图形等），其所采取的备课方式并不相同。而骨干教师们的备课形式和风格均极具个性化、"学科味"。

"规范"的作业不仅有助于学生养成良好的学习习惯、形成严谨的学习态度，还能有效提高课堂教学的质量。数学科组制定的《数学作业规范要求》，主要包括学生作业书写要求、教师批改要求两部分，对学生作业的设计、布置、批改、管理四大环节作了明确具体的规定。除此之外，还可建立错题本。错题本不仅能有效避免重复失误，还能培养学生良好的学习习惯。一方面，教师将学生作业中出现的错题进行归纳整合，将错题转化成促进学生学习的重要资源。另一方面，每一位学生都建立属于自己的错题本，将平时作业及形成性练习或考试中出现的各类错题进行系统汇总，以避免同类题型或同一知识点的重复错误。

四、抓顺衔接，规范资源

幼儿园与小学、小学与初中、初中与高中阶段的学生在学习进度、方法、习惯、心态等方面都存在着很大的不同，如何做好各阶段的衔接就显得非常重要。首先是知识衔接。各年级的教学内容、知识点都不相同，需要任课教师在整体把握年级教学目标、知识体系的基础上，按照教学计划来传授知识点，重点培养学生的学习技能和生活技能。其次是习惯衔接。小学各年级的学习习惯和学习内容并不相同，需要抓好不同年级学习习惯和学习内容之间的衔接。如从课堂学习到在家复习和预习、从被动学习到自主学习、从学习拼音到写作文，都需要经历一个循序渐进的过程，需要教师进行科学引导，帮助学生完成各阶段之间的过渡。最后是心理衔接。从幼儿园到小学、从小学到初中、从初中到高中，各阶段的学习要求、学习内容、学习环境、人际关系等都会发生质的变化，需要教师和家长帮助学生做好心理、生活习惯、学习习惯和学习能力的准备。

抓顺衔接有助于学生循序渐进地掌握知识和技能，形成良好的学习习惯和生活习惯，从而促进学生全面发展健康成长。

课件、教案、试卷等既是教师教学智慧的结晶、教学理念的体现，又是科组教学重要的资源。如何才能将这些教学资源"盘活"呢？首先，"盘活"试卷资源。例如，一年级数学教师将考试卷、课堂练习卷、错题库等整理好，移交给下一届的数学教师。其次，将公开课、优质课、微课等的音像资料、教案资料等进行共享。最后，将教师外出学习和培训的资源进行共享。换言之，"盘活"教学资源，可将某位教师的"辛苦"转化为其他教师的"幸福"。

综上所述，有效的课堂管理是提高教学质量的重要手段，课堂管理得好，就能保证教学活动的有序进行，提高教学的质量。在有效管理课堂的基础上，把课备"活"、将衔接"抓顺"、将教学资源"盘活"，将有助于不断提高数学常态化课堂教学的质量与水平。

第二节 学习型数学教研组建设

"学习型"教研组就是指一个能支持和帮助教师个人学习及交流的教学研究小组；通过营造弥漫于整个教研组的学习气氛，充分发挥教研组每位教师的创造性能力而建立起来的一种能持续发展并具有持续学习能力的团队。下面，笔者围绕如何构建学习型数学教研组这一问题，谈谈自己的做法。

一、明确科情

教研组长作为本学科的教学带头人，必须明确本学科的教学情况和师资情况。

①明确本学科课程改革的目标及本学期的教学任务和要求。

②明确教材编排的意图和目的。唯有将学科教材的编排体系、编排特点、目的、意图、重点难点、呈现方式等研深吃透，才能制订科学合理的教学计划。

③本学科在本校的地位、优势与劣势。

④学科教师的情况。主要包括教学能力、个性特征、工作态度等。其中，教学能力则包括语言表达能力、教育教学能力、组织管理能力、教育科研能力等。

⑤学生的学习情况。主要包括学生在课堂上的表现、作业的完成情况、学习中存在的问题等。

教研组长可采用"五字法"，了解本学科的情况：

①学：组织本学科教师学习课程改革的新理念和本学科教材，以新课改理念来指导自己的课堂教学。

②考：教研组长可定期或不定期地对本学科教师各方面的表现进行考核，并建立考绩档案。

③听：教研组长可通过面上听课的方式，了解本学科教师的教学水平、课堂管理能力。

④谈：教研组长可通过听课评课的方式，促进本学科教师的专业成长。

⑤查：教研组长应定期检查本学科教师的备课、批改、辅导情况，鼓励他们不断提高自身的业务水平和教科研水平。

二、准确定位

校本教研，就是为了改进学校的教育教学，提高学校的教育教学质量，从学校的实际出发，依托学校自身的资源优势和特色进行的教育教学研究，其直接目的是促进师生共同发展。校本教研作为一种研究取向或研究的理想状态，必须有一个准确的定位。校本教研该如何定位呢？

1.教研组长的发展定位

教研组长作为本校某一学科的"教研员"，应向着市某一学科"带头人"的目标迈进。教研组长是学校学科教学的"领头雁"，是学科教师专业发展的带头人，是学科教学研讨活动的组织者，是决定学科教学质量的关键人物，应不断提高自身的业务水平和教科研水平，向着成为市学科"带头人"的目标前进。

2.学科教学的发展定位

校本教研的基本特征是以校为本，强调围绕学校自身遇到的问题开展研究。学校是教学研究的基地，教师是教学研究的主体。因此，教研组长应深入了解本学科的情况、教师的教学情况。其中，本学科的情况包括：教学基础如何？优点和缺点有哪些？遇到的问题有哪些？未来的发展方向是什么？笔者担任科组长后，发现本科组教师普遍存在的问题有三个：①理论功底不够扎实。②教学能力参差不齐。③不知道如何有效开展校本研究。有鉴于此，笔者有针对性地提出如下对策：①组织本学科教师全面深入学习实施新课改，灵活使用教材，细致研读《教师教学用书》。②科组定期和不定期开展常态课听评课活动，促进教师间相互学习、取长补短，不断提高自身的教学水平和业务素质，争取成为骨干教师。③大力推行校本教研，通过开展"课例分析""主题研讨""经验交流"等活动，切实帮助教师解决教学中的实际问题，实现理论与实践的相互促进，提高校本研究的实效性。⑤做好培优辅差工作，即在加大骨干教师培养力度的同时，鼓励教学经验与能力相对欠缺的教师多听、多看、多学骨干教师的课，健全优质资源共享、共建、共进机制，全面提升科组的教学水平。

3.每一位科组教师的发展定位

每一位教师均应准确规划和定位自己的职业生涯。组织本科组教师参加"人人讲，人人评，人人提高"常态课听评课活动，通过互听互评，对自己过去的教学思想和行为进行反思，据此制订自己的职业规划。职业规划通常包括自我评估、目标设定和通道设计三方面。自我评估具体包括优势分析、劣势分析、工作反思。从"最近发展区"出发，设定发展目标。通道设计方面，需紧紧围绕自身的问题、最近发展区，设计切实可行的改进策略。

三、解决策略

找准定位后，还需要制定科学合理的解决策略。解决的策略分为面上策略和点上策略两种。其中，面上策略是面对全科组教师而言的，而点上策略是对科组内"特别"的群体而言的。而面上策略有如下四方面的内容。

（一）形成共识

正所谓"头脑控制手脚，思想决定行动"，因此，要让科组教师形成五点共识。

1.教师成长需要真实有效的公开课

首先，要把公开课定位在课例研究上。其次，要让公开课回归到真实的日常教学上来，拉近公开课与常态课的距离。最后，公开课要做到

"三可""三要"。"三可"是指可看、可学、可用。"三要"是指要回归常态课，避免失真、作秀，上得自然平实，让人有亲切感和真实感；要精益求精，努力上出特色、上出水平，起到示范和引领的作用；要避免形式主义，注重实效，让学生在课堂上有实实在在的收获和发展。

2. 校本教研是教师成长的重要路径

以校为本，以教师个人的"自我反思"、教师集体的"同伴互助"、专业研究人员的"专业引领"作为学校开展校本教研和促进教师专业成长的基本方式，以教研组为单位、以备课组为研究组、整体研究与分散研究相结合，充分发挥教师个人的主体作用，通过引领、互助、反思模式，促进教师个人在教学中的成长。

3. 好课的标准

优质课的标准有两个：从学生的角度来说，就是要看学生在课堂学习中自主的程度、合作的效度和探究的深度；从教师的角度来说，就是看课堂中是否坚持了以学生发展为中心，是否依据课程标准施教，是否体现了人文性、综合性和实践性。

4. 参与听课、评课

听课评课是课改中校本教研的重要形式，也是教师专业成长的重要组成部分。教师之间的相互听课与评课，能在一定程度上促进教师的成长，并与同科组的其他教师达成新的共识。

（二）同伴互助

在同级部同学科的教师中开展"几人上一课"或"一课几人上"同伴互助活动，也称"同课研究"。"几人上一课"指几个人选定一节课的内容各自备课，并自己在本班内上课，同级同科教师互相听课，互相评课，最后进行分工整理，写出案例式论文。通过对比同一个教学内容的不同教法，选出最佳的教学设计。

"一课几人上"是同科同级教师几个人确定一节课的内容，先集体备课，确定教案①，由甲老师在（1）班执教，大家共同听课、评课，修改后得到教案②，由乙老师在（2）班执教，大家共同听课、评课……最后对各种教案进行整理，撰写案例式论文。这种教学设计不仅凝聚了本科组教师的集体智慧，还可当即验证其效果。

"同课研究"不仅可以促进课堂优势互补，而且能让教师之间互相启发，智慧共享，共同进步。

（三）自我反思

自我反思是指教师以自己的教学活动为思考对象，对自己所做出的行为、决策以及由此产生的结果进行审视和分析。

1. 用教育自传唤醒自我意识

通过撰写教育自传，记录自己的教学过程和心得，反思自己过去的教学思想和行为，规划自己的职业生涯。

2. 用教学后记积累经验和资料

教学后记是教师课后对教学设计和实施情况进行及时回顾、反思的简要文本记录，是积累教学经验和资料的宝库。

3. 在教学反思中提升教育水平

教学反思是教师对自己的教学设计、教学行为、教学结果等进行回忆、思索、审视和评价的思维过程，并以此来总结经验教训，提高自身的教育教学水平。其主要包括如下内容：

一个目标：提升教学能力。

两个主体：教师写（说）反思，校长、科组长评反思。

三个过程：教学前反思，备好课；教学中反思，上好课；教学后反思，评好课。

四个写法：成功心得、改进之处、经验教训、学习心得。

（四）专业引领

新课程理念下的教师专业发展，除了要依靠教师自身的专业知识、潜心教研外，还需要科研组的专业引领与支持，尤其要突出"四个引领"。

1. 理论指导

通过组织校内讲座和科组内讲座等形式，组织专科教师和科组教师学习新课改理论知识。讲座内容包括：如何备课、如何上课、如何合作学习、如何撰写论文等。教师们除了要认真听讲、做好笔记外，还要学以致用。

2. 专业咨询

众所周知，只有系统领会学科教材的编排体系与编撰意图、整体掌握教材的知识体系结构，才能进行有效的课堂教学。科组长要走在科组教师的"前面"，全面把握《课程标准》《课标解读》《教师教学用书》等的编排体系与编撰意图，为科组教师提供专业咨询服务，引导科组教师"吃透"教材→"补充"教材→"更新"教材。

3.现场辅导

科组长除了要向科组教师提供专业咨询服务外，还要给予他们现场辅导。科组长通过巡课、听课、评课等方式，及时发现科组教师在课堂教学中存在的问题，并提出改进建议。

4.专题研究

专题研究通常包括如下步骤：确定教研主题→确定学习课标要求及相关理论→通过同伴互助形成教学策略→对外教学公开课展示→专家评课→继续深入研究→形成可操作经验→指导教学实践。

面上策略虽然可以有效带动全体教师共同进步，但由于教师们的个性和教学能力不同，故还需要制定点上策略。我校根据全体教师的实际教学情况，制定了两个点上策略。

（一）"种子"计划

青年教师是学校的生力军，培养的好坏将直接决定学校发展的"后劲"。为了让青年教师迅速成为教育教学的骨干力量，我校制订了"一提高、两主动、两研究、三定期"培训方案。

一提高：提高教育教学水平。

两主动：主动听课、主动评课。

两研究：研究如何上好常态课、研究如何将新课程的教学理念转化成具体的教学行为。

三定期：①定期组织教师外出听课学习；②定期组织校园内、外公开教研活动；③鼓励教师定期撰写教学设计方案及教学论文。

（二）"幼苗"计划

新教师由于教学经验相对匮乏、教学水平偏低，在教学工作伊始常会出现各种问题。为了促进新教师快速成长，学校制订了"幼苗"成长计划。该计划包括六方面的内容。

①备课是一种策略研究。帮助新教师尽快熟悉教材、熟悉学生、熟悉教学环境及教学设备等。

②上课是一种临床研究。跟踪指导新教师的课堂教学。

③听课是一种比较研究。组织新教师听骨干教师的课。

④评课是一种诊断式研究。请骨干教师评点新教师的课。

⑤教学后记是一种反思研究。指导新教师撰写教学后记，总结经验、反思不足。

⑥读书是一种观念性研究。组织新教师学习教育教学理论，不断提高其理论素养。

总而言之，只有点面结合，根据新教师的特点、教学中存在的普遍问题等，制订有针对性、有计划、有步骤的培养计划，才能切实帮助他们快速成长。

校本教研要聚焦课堂教学，基于学情定目标，基于问题开处方，基于课改理念寻依据，基于教师个性定策略。唯有如此，校本教研才能有效促进教师的专业化成长。

第三节　小学数学"众智学堂"的实践研究

2017 年，我校正式启动"小学数学众智学堂的实践研究"课题。近五年来，在校领导的指导与支持下，课题组成员团结协作，全心投入课题研究之中，并完成了预定的研究任务，取得了预期的研究成果。

一、问题的提出

（一）课题研究的背景

数学作为基础教育中的一门重要学科，既不是符号、图形的重复呈现，也不是定理、公式的复杂关联；但是透过符号和图形、定理和公式，我们可以发现数学的简洁与和谐。数学教育是让学生感受到数学之简洁，而不是烦琐；感受到数学之和谐，而不是怪异。也就是说，数学教育要使学生感受到数学之妙，从中体验审美并建立数学的和谐观、结构观。数学课程应致力于实现义务教育阶段的培养目标，面向全体学生，适应学生个性发展的需要，使得人人都能获得良好的数学教育，不同的人在数学上得到不同的发展。基于上述认识，我们启动了"众智学堂"的实践研究。

（二）课题研究的现状

"众智学堂"的实践研究立足于数学课堂教学的核心素养的培养，旨在使学生感受到数学之妙，从中体验数学之美并建立数学的和谐观、结构观。目前，关于智慧课堂的研究与应用仍处于探索阶段，并受到越来越多研究者的关注。国内关于智慧课堂的研究普遍忽视对数学教育教学方法的思考和探索，忽视学生的认知心理特点；而国外的智慧课堂研究则倾向于张扬学生个性，缺少对合作学习机制的探讨。我校依据新课标提出的"众智学堂"的实践研究，则是一次有益的探索。

（三）课题研究的意义

"众智学堂"的实践研究设定了如下目标：让教师拥有教的智慧，让学生拥有学的智慧，让所有人都能获得良好的数学教育；让课堂成为学生的"学堂"，让学生成为学习的主体；促进学生的个性发展，全面挖掘学生的学习潜能。

1. 让课堂成为学生的"学堂"

课堂是学生主动构建知识的主要场所，教师的作用是为学生的学习活动提供有效的服务。因此，数学教师在设计课堂教学时，必须突出以学生为主体，以教师为主导，在数学概念、公式、定理、法则的教学中培养学生的知识迁移能力。陶行知先生说过："好的先生不是教书，不是教学生，而是教学生学习。"因此，数学教师要从根本上改变课堂教学模式，让课堂真正成为学生的"学堂"。

2. 让课堂满足学生的需求

新课程标准强调：数学教学要"从学生已有的生活经验出发，使学生获得对数学知识的理解"。因此，数学教师应从学生的学习需求（学生的认知、兴趣、知识与经验的背景、学习方式等）出发进行教学设计。

3. 让课堂激发学生的潜能

数学教师在课堂教学中应着力引导学生自主学习、合作学习、探究学习。此外，数学教师还可借由"旧知"引出"新知"，来实现知识的正迁移，充分激发学生自主学习的潜能。

二、研究的过程与方法

（一）"众智学堂"的界定

"众智学堂"就是在人本主义教学理念的指导下，以学生为主体，以教师为主导，通过师生之间、生生之间的无缝沟通，不仅让学生获得适应社会生活和进一步发展所必需的数学的基础知识、基本技能、基本思想、基本活动经验，还要让他们了解数学的价值，提高学习数学的兴趣，增强学好数学的信心，努力实现数学课堂教学价值最大化。

"众智学堂"包含三个核心关键词：

以学定教：依据学情确定教学的起点、方法和策略，打造有效课堂。

少教多学："少教"即启发性地教、针对性地教、创造性地教和发展性地教，"多学"即学生在教师的引导下走向独立学习、主动学习、快乐学习。

鼓励挑战性学习：数学教师通过给学生布置具有挑战性和刺激性的任务，促进学生的批判性思考和独立性思考，激发学生的数学兴趣，提升学生学习数学的内驱力。

（二）课题研究目标及重难点

1. 研究目标

使数学教师能将某一具体数学知识转化为学生可能接受的知识形态，进而在学生的学习过程中进行恰当的调适，使学生易于接受。

2. 研究重点及难点

研究重点：构建思维发展型课堂。

研究难点：凸显教学现场的应变性。

（三）课题研究内容

（1）教学设计上强调科学性：①科学组织教学材料；②有序呈现教学内容；③恰当组织教学过程。

（2）教学内容上重视直观性：①语言表述；②动作示意；③画图形象；④教具演示；⑤多媒体演示。

（3）教学活动注重思维性：①师生对话引领；②实验、实践活动引领；③个别化教学策略引领。

（4）教学现场凸显应变性：①有"预设"；②会"接话"；③善"启发"；④妙"生成"。

（四）课题研究方法

（1）文献研究：爬梳相关研究成果，明确"众智学堂"的概念、研究方法、理论价值、现实意义等。

（2）调查研究：通过现场观摩、问卷调查、口头访问等形式，调查影响数学课堂教学效率的因素。

（3）课例研究：通过具体案例，来说明教师如何智慧教，学生如何智慧学。

（五）课题研究过程

本课题研究大致分为准备、实施、总结三个阶段。

1. 准备阶段（2017 年 6—9 月）

创设可行的研究环境。

（1）设计研究方案，制订研究计划。

（2）明确课题组成员的职责和分工，制定课题研究管理制度。

（3）调查小学数学课堂教学现状。

2. 实施阶段（2017 年 10 月—2020 年 12 月）

如前所述，本课题研究的重点是构建思维发展型课堂，难点是凸显教学现场的应变性。课题组成员紧紧围绕重点难点，从教学设计、教学方法、教学活动和教学现场等方面，提出了建构"众智学堂"的策略。

（1）小学数学"众智学堂"课堂教学设计趣味性策略

要想使课堂变得精彩、高效，需要教师深入研究教材的编写意图，准确把握教学的重点难点，合理设计教学内容，注重知识性和趣味性。"众智学堂"的趣味性主要体现为"三明""三灵"。下面，以人教版三年级上册"长方形和正方形的认识"为例进行阐述。

①明确目标

教师依据教材和《教师教学用书》，明确本节课的教学目标（知识目标、能力目标、情感目标）。其中，知识目标所涉及的是学生的学习内容以及对知识的理解能力和技能的形成等。本节课的知识目标是引导学生通过观察和操作，认识长方形、正方形的基本特征，体会长方形和正方形的区别与联系。

②明晰重点难点

本节课的重点是认识长方形和正方形的基本特征。先让学生从具体的生活情境中抽象出长方形和正方形；接着让学生通过数一数、折一折、比一比、量一量等方式，初步认识长方形、正方形的边的特征和角的特征。

本节课的难点是明晰长方形和正方形的区别与联系。除让学生们分组讨论长方形和正方形的区别外，还安排了时长两分钟的微课：一个小师傅用两条相等的长木条及两条相等的短木条做成了一个长方形的木框；另一个小师傅用四根一样长的木条做成了一个正方形的木框。学生们分组讨论长方形和正方形的不同后，教师从边和角的角度，总结长方形和正方形的特征。

③明白流程

磨课教师与上课教师共同制定教学流程：看长方形和正方形的实物图→看小师傅制作长方形木框、正方形木框的微课→学生分组讨论长方形和正方形的边和角的特征→利用工具验证长方形和正方形的特征→教师总结长方形和正方形的区别与联系→课堂练习。

④灵活整合

磨课教师与上课教师需以新课程理念为指导，精心设计教学环节，增强课堂感染力。如请同学们从各种数学图案中，抽取出长方形和正方形的图形。再如构建四人合作小组：比一比——用三角尺的直角比一比长方形和正方形的角；量一量——用尺子量一量长方形和正方形的边；

折一折——将长方形和正方形上下对折、左右对折；填一填——总结出长方形和正方形的角和边各有哪些特征。

	长方形		正方形	
边	上		下	
	左		右	
角				

我发现：长方形边的特点是 _____，角的特点是 _____。正方形边的特点是 _____，角的特点是 _____。

我在磨课时，着重引导学生在直观感知长方形和正方形的基础上，通过折一折、量一量、比一比等操作活动，进一步探究长方形和正方形的基本特征。折（量）：折一折、量一量长方形和正方形的边，会有什么发现？比：用三角尺的直角比一比长方形和正方形的角，会有什么发现？在折一折环节，通过让学生把一个正方形折成相同的两部分，以及在一个长方形中折出一个最大的正方形等操作，引导学生探究长方形和正方形的区别与联系。为了活跃课堂气氛，激发学生的探究兴趣，根据学生的年龄特点设置激趣式过渡语。

⑤灵动预设

课堂教学中，上课教师需对教学目标、教学内容、教学手段和教学结果等进行理性清晰的设计。例如，学生同位合作完成后进行汇报时，上课教师先让同位同学在实物投影处一个折、另一个量，并说出自己的发现，然后教师拿着长方形和正方形的图形进行总结。又如课堂练习——在方格里面画一个长方形和一个正方形，可先让学生独立画，然后上课教师根据学生的答题情况，指明画时要注意什么。总之，预设得越充分，整节课的教学流程就越流畅。

⑥灵巧联结

上课教师在第一次试教时，设计的练习题有四道。a. 在方格里面画一个长方形和一个正方形。b. 在长方形和正方形的边上填数字。c. 在一个长 10 厘米、宽 6 厘米的方框中画一个最大的正方形，正方形的边长是（　　）厘米；剩下的图形是一个长方形，长方形的长是（　　）厘米，宽是（　　）厘米。d. 一间房子的平面示意图中，既有长方形又有正方形，让学生探究二者之间的关系。这四道练习题虽有梯度，但系列性不够。因此，磨课时，我设计的练习思路是：a. 填一填：在长方形和正方形的边上填数字。b. 画一画：在方格里面画一个长方形和一个正方形。c. 折一折：把一个正方形折成大小相同的两部分以及在一个长方形中折出一个正方形。d. 猜一猜：让学生猜想长方形、正方形、梯形的边和角都有什么秘密。e. 数一数：一间房子的平面示意图中，分别有多少个长方形、正方形。

（2）小学数学"众智学堂"课堂教学内容直观性策略

数学知识是一个整体，各个知识点之间存在着千丝万缕的联系。因此，执教教师应将学生已经学过的知识与将要学习的知识联系起来。而建立新旧知识之间联系的前提条件，就是做到"三个找"。下面，仍以"长方形和正方形的认识"为例进行阐述。

①找准关键

执教教师在上课时，希望学生通过观看小师傅做长方形木框和正方形木框视频，发现长方形的对边相等（长＝长、宽＝宽）这一特征。我认为：本节课的重点是认识长方形、正方形的基本特征，而学生的已有知识经验中并没有"对边"的概念,故发现不了长方形的对边相等这一特征。

②找到联系

要想认识长方形和正方形的基本特征,既要有观察、探究,又要有总结、归纳。执教教师在学生完成小组合作学习后,归纳出长方形的特征是对边相等、四个角都是直角,正方形的特征是四条边都相等、四个角都是直角。在此基础上,增添一个环节:将一个长方形分别按顺时针旋转90°、180°、270°、360°,让学生观察其还是长方形吗?同理,将一个正方形分别按顺时针旋转90°、180°、270°、360°,让学生观察其还是正方形吗?最后得出结论:一个图形是否为长方形或正方形,取决于其边和角的特征。

③找对互通

长方形与正方形之间的联系和区别,可以渗透到三个环节之中。一是在学生观看微课后,提问长方形与正方形的边和角各有哪些特征。二是在折一折环节,让学生在一个长方形中折出一个最大的正方形,使学生初步认识到正方形是特殊的长方形。三是在课堂练习环节,出示一个长8厘米、宽5厘米的长方形,让学生思考如何将其变成正方形。另出示一个边长为5厘米的正方形,让学生思考如何将其变成长方形。

(3)小学数学"众智学堂"课堂教学活动思维性策略

数学教学是数学活动的教学,而数学思维是数学教学之根。为提高学生的数学思维能力、构建思维型数学课堂,课题组首先从教师层面和学生层面入手,做好两个层面的转化。

教师层面：

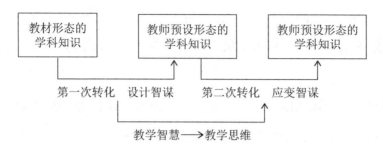

学生层面：

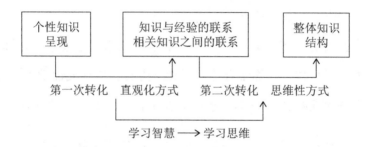

其次，做好五个注重。下面，以概念教学为例，进行详细说明。

①注重让学生理解概念

数学知识系统是一个经验系统，新知识是在旧知识的基础上迁移而来的。执教教师在讲授一个新概念时，需从学生已有的知识经验出发，将其与已有的概念加以区别与联系。如在讲授"小数的意义"时，首先指出，把 1 米平均分成 10 份，每份是 1dm。并让学生思考：4dm、7dm换算成 m 时，如何用分数和小数表示？

其次，在学生认识到 1dm 可以用 0.1m 表示，4dm 可以用 0.4m 表示后，提问：1 角 =（　　）元，3 角 =（　　）元。以此类推，把 1 米平均分成 100 份，每份是 0.01 米；把 1 米平均分成 1000 份，每份是 0.001 米。

最后，教师做出总结：分母是 10 的分数，可用一位小数表示；分母是 100 的分数，可用两位小数表示；分母是 1000 的分数，可用三位小数表示。

②注重让学生动手操作

只靠教师的讲解和演示，很难让学生把概念"吃透"。通过同桌合作、四人小组合作、自愿结合等方式让学生自主地探究性学习，有助于让学生真正理解概念、掌握概念。如在讲授"分数的意义"时，首先，将 1 个正方形或 4 根香蕉看作一个整体，将其平均分成 4 份，每份是 $\frac{1}{4}$ 或 1 根香蕉。接着，让学生以合作学习的方式，分别将 1 个圆、1 条线段、12 颗糖果、8 个苹果、4 个面包等平均分成 4 份，并说出每份各是多少。最后，教师做出总结：把单位"1"平均分成若干份，表示这样的 1 份或者几份的数，就是分数。

③注重让学生突破重点难点

数学概念是抽象化的空间形式和数量关系，而低年级小学生由于年龄、知识和生活经验的局限，其思维处在具体形象思维为主的阶段，因此，教师要运用符合学生特点的教学手段，引导学生主动探究概念，通过多角度分析、多感官体验来学习概念。如教师在讲授单位"1"概念时，先让学生将 4 根香蕉、8 个苹果平均分成 4 分，说出每份各是多少；

接着让学生将 1 个正方形、1 个圆形、1 条线段等平均分成若干份，说出每份是多少。由此让学生明白，不管是 4 根香蕉、8 个苹果，还是 1 个正方形、1 个圆形、1 条线段，都可以看作一个整体。一个整体可以用自然数"1"来表示，通常把它叫作单位"1"。

④注重让学生加强体验

如前所述，数学概念是抽象化的教学语言，教师应引导学生通过操作—发现、猜想—验证、观察—归纳、类比—联想、引导—探究等方法，真正理解和掌握概念。如讲授"垂直与平行"时，首先，让学生用尺子在纸上画两条直线，引领学生通过观察、分类、讨论、比较等，体会在同一平面内两条直线的位置关系有相交和不相交两种情况；接着，进一步引导学生通过测量，发现两直线相交又有两种情况：呈直角的和不呈直角的，进而建立垂直的表象，抽象出垂直的概念。为了让学生充分理解互相垂直、垂线、垂足等概念的含义，教师可以通过板书的形式，将这些概念融为一体，并及时让学生用语言表达出来，以加强对这些概念的理解。

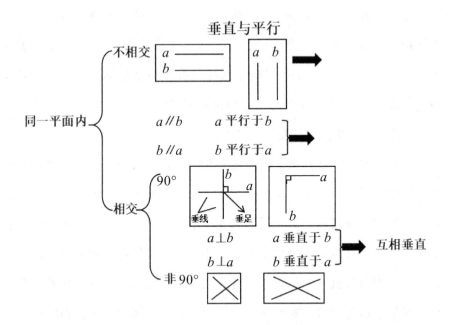

⑤注重让学生有效表述

"数与代数"是小学数学四大板块的内容之一，主要包括数的认识、数的运算、式与方程、比和比例、常见的量、探索规律等。其中，数的运算重点在于理解算理、掌握算法，实现算理与算法的融会贯通。算法重在理解与运用，如三位数的竖式计算方法是：相同数位要对齐，个位上的数相加满十向十位进1，十位上的数相加满十向百位进1。如让学生计算445+298=（　　　）。首先，列出竖式 $\begin{array}{r} 445 \\ +298 \\ \hline \end{array}$；接着从个位加起，按照个位上的数相加满十向十位进1、十位上的数相加满十向百位进1的规律进行计算，最后得出的结果是743。

（4）小学数学"众智学堂"课堂教学现场应变性策略

教师在课堂教学中，唯有灵活妥善地处理突发事件，根据学生的反馈信息及时对教学做出调整，才能圆满完成教学任务。要想提高课堂教学的应变性，需落实好"四本"。

①准确把握教材编写本意

教材编写意图是教材编者为了达到某种目的所充斥在字里行间的思想、情感和价值理念，具有一定的抽象性和隐蔽性。从编写意图的角度对教材进行深度研习，既是教材使用的必经之路，也是教材使用科学化、规范化的有效途径。如人教版五年级下册"长方体和正方体的认识"的教学目标是：使学生通过观察、操作等活动认识长方体和正方体，知道长方体和正方体的面、棱、顶点以及长、宽、高（或棱长）的含义，掌握长方体和正方体的基本特征，理解它们之间的关系。充分领会教材的编写意图后，执教教师可将全班同学分成若干个小组，每组发给不同长度的小棒，让他们自行搭建长方体和正方体的模型；或者每组发给一个不规则的马铃薯，让他们切成一个长方体或一个正方体。通过操作和观察，认识长方体和正方体的面、棱、顶点以及长、宽、高的基本特征。

教师唯有准确把握教材的编写意图，才能创造性地、灵活地使用教材。

②充分体现学生本位

学生是教学过程中认识和发展的主体，教师应根据学生的认知和心理发展特点进行教学设计，因材施教，尝试把黑板、讲台交给学生，凸显学生本位、彰显学生主体。如在讲授人教版三年级下册"长方形、正方形面积的计算"时，先将全班同学分成 4 个小组，每组发给若干个边长 1 厘米的小正方形，让他们拼成不同的长方形或正方形；再让他们猜想长方形或正方形的面积公式；最后进行验证。具体步骤是：a. 摆一摆——用20个边长1厘米的小正方形拼成不同的长方形；b.填一填——在表格中记录所摆的长方形的长是（　　），宽是（　　），面积是（　　）；c.想一想——长方形的面积与（　　）和（　　）有关，推导出长方形的面积=（　　）。整个教学过程都以学生为主体，教师只起到启发、引导的作用。

③体现数学知识的本味

王崧舟曾说，"语文味"表现在"动情诵读、静心默读"的"读味"，"圈点批注、摘抄书作"的"写味"，"品词品句、咬文嚼字"的"品味"。与"语文味"不同，"数学味"主要体现为数学思想和数学文化。如图形与几何中蕴含着丰富的数学文化，在课堂教学中，教师应通过形与话的结合、画与话的结合、实物与图的结合、欣赏与形的结合等，综合运用线段、箭头、符号和适量的文字等，将各知识点绘成简图，直观地展示出来，让数学课充满"数学味"。如在讲授人教版五年级上册"平行四边形的面积"时，笔者利用图形的变化，将平行四边形面积计算公式的推导过程设计成充满"数学味"的板书。

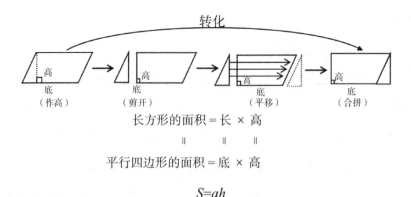

转化

长方形的面积 = 长 × 高

平行四边形的面积 = 底 × 高

$S=ah$

④体现数学学科的本源

数学概念是抽象化的空间形式和数量关系，脱离了数学概念，便无法进行数学思维。而数学概念的掌握，重在练习。练习的类型和方式多种多样，有口算练习、笔算练习、应用练习、综合练习等。不管是哪种形式的练习，都应让学生独立完成，独立练习有助于培养学生灵活运用知识解决问题的能力。数学来源于生活，同时又运用到社会的每一个角落。

3. 总结阶段（2021 年 1—5 月）

本阶段的主要工作包括：整理、汇总课题资料；提炼研究成果、创新之处，反思不足；撰写研究报告，并将研究成果汇编成论文集。

三、课题研究的成果及反思

（一）研究成果

1. 提出小学数学"众智学堂"教学设计渗透趣味性三部曲

"众智学堂"旨在培养学生发现和提出问题、分析和解决问题的能力。因此，教师在进行教学设计时，应首先确定每节课的教学目标，并围绕教学目标开展教学活动。要想在小学数学课堂中渗透趣味教学策略，需要做到以下三点：一是创设问题情境，启发学生思维。教师应紧紧围绕教学目标，创设适宜的问题情境，引导学生发现、解决问题。如在知识点上"设疑"，以突出重点、攻破难点；在知识的联系处"设疑"，以沟通知识间的联系。二是创设动态情境，激发学习兴趣。课堂教学是以学生为主体的教学，教师应将每节课的知识点进行整合，渗透进两三个教学活动之中。学生在教师的指导下全程参与课堂教学，积极地投入思考，自觉地完成教师布置的任务，从被动的接受式学习转变为积极主动的参与式学习。三是创设生活情境，增强趣味性。在教学中引导学生发现生活中的数学问题，运用所学的数学知识解决生活中的数学问题，激发学生学习数学的兴趣和强烈的求知欲，增强数学学科的趣味性。

"众智学堂"教学设计三部曲的主要内容，可用下图描述：

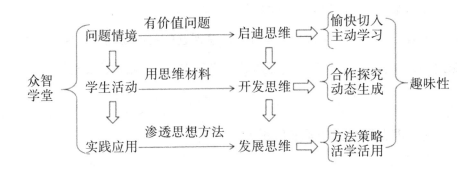

2. 提出小学数学"众智学堂"教学内容直观呈现的五种手段

"众智学堂"十分注重学生的课堂地位，要求教师在教学内容的呈现上，既要结构合理，又要符合学生的年龄及思维特征。首先，综合运用语言、动作、图示、演示、多媒体五种教学手段，直观呈现教学内容。其次，通过迁移旧知来获取新知。教师可采用以类比促迁移、抓训练攻难点的教学策略，引导学生以旧学新，突破难点，达到知识和方法的迁移。再次，通过师生互动、分组探究、合作学习、有效练习等方式，突破教学重点和难点。最后，指导学生自主梳理、整合、内化知识，构建完整的知识体系。

"众智学堂"教学内容直观呈现的五种手段，可用下图表示：

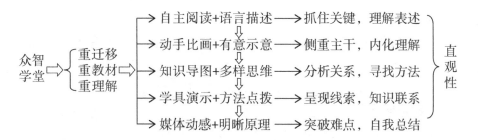

3.提出小学数学"众智学堂"教学活动围绕思维性三模式

新课程标准中指出："数学教学是数学活动的教学,是师生之间、学生之间交往互动与共同发展的过程。"基于这一理念,"众智学堂"从学生的实际出发,以启发学生的思维为核心,以富于启发性的问题为媒,通过丰富多彩的教学活动,引导学生"见其形、生其疑、发其思、追其源、探其果"。首先,创设生动有趣的课堂教学情境,鼓励学生动眼观察、阅读,动手实验、操作,动脑思考,动口议论、表述,动笔练习、记述,进一步加深对所学知识的理解。其次,利用思维定式巧设"圈套",制造认知冲突,引发学生的疑问,然后通过合作学习与教师指导,找到解决问题的方法,从而提升学生的数学思维能力。最后,打造思维型课堂。思维型课堂教学强调以诱发认知冲突为特征的教学引入、以自主建构为特征的教学过程、以思维监控为特征的教学反思和以灵活运用为特征的教学迁移。思维型课堂以发展学生的思维能力为核心,旨在把学生培养成全面发展的人。

"众智学堂"教学活动围绕思维性三模式的内容,可用下图表示:

模式一：

重组教材 → 设置疑问 → 合作探究 → 点拨关键 → 归纳总结

模式二：

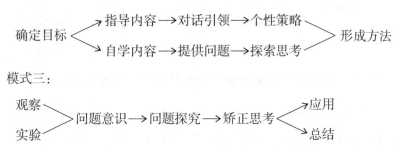

模式三：

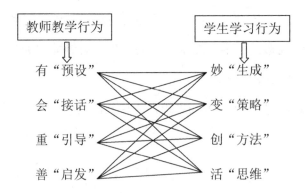

4. 提出小学数学"众智学堂"教学现场凸显应变性四字诀

小学数学"众智学堂"从教师教学行为和学生学习行为两方面入手，来提高课堂教学的有效性。课堂教学是千变万化的，再好的预设，也不可能预见课堂上可能出现的所有新情况，这就需要教师在教学过程中具有随机应变的能力。提高课堂教学中的应变能力，可从两方面着手：教师方面，应做到有"预设"、会"接话"、重"引导"、善"启发"；学生方面，应做到妙"生成"、变"策略"、创"方法"、活"思维"。这两方面应是相互衔接、无缝对接的。

"众智学堂"强调，应根据教学内容和学生的实际情况选择教学方法，但无论哪种教学方法，都应以知识为载体、以问题为手段、以思维为主线，合理组织教学内容，最大限度地凸显"学生主体、启迪思维、培养能力、提高素养"。

（二）创新表现

本课题组以新课程标准为指导，以培养学生的思维能力、挖掘学生潜能为重心，将"人文性、体验性、互动性、开放性"的教学理念融入自己的教学行为之中，显著提高了教学效果。总括而言，"众智学堂"的创新之处体现在以下几个方面。

1."众智学堂"人文性体现创新

"众智学堂"贯彻落实以人为本的教学理念，在教学活动中充分挖掘学生潜能，激发学生的学习兴趣，引导学生运用数学知识解决生活中的实际问题，充分认识数学的实用价值和科学价值。教师应深入挖掘数学的人文底蕴，寻求贴近生活的教学素材，让数学课堂充满人文气息。

2."众智学堂"体验性呈现创新

学生通过实践操作体验和情境感受体验，探索数学规律，体验数学的自然科学性、基础性与工具性，建构数学知识体系。教师要通过多种途径，让学生正确理解数学概念，熟练掌握数学方法，形成数学思维。教师有智慧地教，学生主动地、愉快地学，让数学课堂充满"数学味"。

3."众智学堂"互动性实施创新

"众智学堂"大力提倡启发式教学，强调教师应以问题为引导，培养学生自主学习、自主探究的能力。此外，教师应转变自我角色定位，由学科知识的传授者转变为学生学习的指导者、学习环境的创设者、学习活动的促进者，构建清晰、动态、自然"课脉"的数学课堂。

4."众智学堂"开放性推进创新

"众智学堂"鼓励学生提出不同的见解和想法，提出多样化的解题思路，让数学课堂充满"智慧"。同时，提倡教师针对学生的特点进行分层辅导，既培养重点尖子，也不放弃差生，让数学课堂充满人文关怀。

（三）研究成效

经过三年多的探索和实践，小学数学"众智学堂"的实践研究在教学设计、教学内容、教学活动、教学现场等方面，均形成了行之有效的策略和方法，促进了学生学习能力和教师教学能力的整体提升。

1.提高了学生数学学习能力

数学课程标准指出："有效的数学学习活动不能单纯地依赖模仿与记忆，动手实践、自主探索与合作交流是学生学习数学的重要方式。"根据这一教学理念，教师通过一系列有目的、有计划、有步骤、有系统的设计，让学生经历观察、实验、猜想、证明等数学活动，进行探究、发现、思考、分析、归纳等思维活动，通过自主探究或合作互动，获得知识、解决问题。"众智课堂"不仅增强了学生的思维能力、实践能力和创新能力，还培养了学生的数学思维，提高了学生的数学学习能力。

2.提高了教师课堂教学水平

"众智学堂"强调，让学生成为课堂的主人，教师应以启发学生的思维为核心，以富于启发性的问题为媒介，通过丰富多彩的教学活动，让学生通过动手操作、自主探索与合作交流，掌握基础知识，形成基本技能。如此一来，教师就由学科知识的传授者变成了学生学习的指导者、学习环境的创设者、学习活动的促进者，其不仅要具备较好的数学学科素养，还要具备调控课堂教学能力、创设学习情景能力、与学生互动能力、挖掘教材资源能力。

3. 提高了学校数学教学质量

科组教师着手"众智学堂"实践研究后，改变了传统的填鸭式应试教育教学方法，把课堂还给学生，让学生真正成为课堂的主人。首先，强调以有目的、有次序、富于启发性的问题来引导学生，培养学生正确的思维方法。其次，强调教学过程要符合学生的认知规律，低年级多通过操作、图解、演示等方式，充分调动学生的思维能力，让他们理解算理、掌握算法。再次，注重智力因素与非智力因素的均衡发展，非智力因素对学习活动起着起动、导向、维持和强化作用，只有智力因素与非智力因素协调共进，学生才能获得更大的发展。最后，鼓励学生质疑问难，培养学生的自主学习能力；通过对话、提问等方式，帮助学生突破重点和难点。

通过实施"众智学堂"，数学教学变成了数学活动的教学，不仅课堂教学的严谨性和有效性显著提升，还逐步形成了严谨尚学的教风、乐学敏行的学风。

（四）研究反思

本课题研究在取得上述研究成果的同时，仍有一些问题需要进一步研究。

1. 需进一步提高数学教师的数学素养

本课题研究发现，部分教师创设的情境过于冗长，或难度超出了学生的理解能力，使学生难以抓住问题的核心。还有部分教师与学生互动时，只关心成绩优秀的学生，忽略甚至轻视成绩差的学生，不能促进全体学生的发展。

2. 需进一步提高对学生思维的培养

受传统教学观念的影响，学生在课堂上处于被动地位，其思维受到抑制。这就需要教师转变教学观念，注重对学生思维能力的培养，使教学思维与学生思维协调发展。

第四节 落实"十要"要求 推动众智数学常态有效

本课题组根据新课程标准的要求,结合学科教师课堂教学情况、学生课堂学习状况,在充分观课、议课、评课的基础上,提出了落实"十要"要求、推动众智数学常态有效的重要举措。这些举措在提高教学质量、促进教师专业成长、促进学生全面发展等方面,均发挥了积极作用。

一、要精心研读教材

"众智数学常态课"是指常规状态下、自然状态下的数学课。与"公开课""展示课"不同,众智数学常态课要求执教教师在精研教材的基础上,独立设计教案。下面,以六年级上册第三单元"已知一个数的几分之几是多少,求这个数"为例,阐述教师应如何创造性地使用教材。

(一)用"活"教材

教材乃教学之本,是教师教学、学生学习的最主要材料和依据。因此，教师要用"活"教材，根据学生生活实际和学习实际，对教材内容进行灵活处理。如在讲授"阅读与理解"时，让学生直接阅读题目"小明体内的水分重（   ）""小明体内的水分占体重的（   ）"。通过提取材料中的信息，解答问题。

（二）开放教材

学习的本质就是模仿加上刻意练习。学生对于新知识的学习，通常从模仿开始，大致经历模仿—初步理解—同学讨论—老师讲评—总结归纳的过程。如"分析与解答"中的例题：

根据测定，儿童体内的水分约占体重的 $\frac{4}{5}$，小明体内约有 28 千克的水分，那么小明的体重是多少千克？

根据"儿童体内的水分约占体重的 $\frac{4}{5}$"，列出下面的关系式。

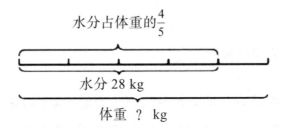

教师应引导学生用线段图的形式表示题目中的数量关系。由于学生是第一次接触线段图，教师需先画出线段图，讲解线段图的结构和画法，然后让学生进行模仿练习。

（三）复习教材

教师讲解完教材内容后，学生需及时地、反复地复习，对于教材的重点难点，教师补充的知识、归纳的方法，一定要切实掌握，并做到举一反三。

例如，在讲解完四年级上册第四单元"价格问题"后，让学生根据"单价 × 数量 ＝ 总价"这一关系式，补充另外两个关系式：总价 ÷ 单价 ＝ 数量，总价 ÷ 数量 ＝ 单价。

二、要读懂《教师教学用书》

《教师教学用书》既是人教版教材的延伸和扩充，也是对人教版教材的再解读。《教师教学用书》按照人教版教材，分为若干单元，每个单元由教材说明和教学建议、教学设计或教学片段、备课资料、评价建议与评价样例四个板块组成。

阅读《教师教学用书》，应做到"八看"：看教学内容、看教学目标、看编写意图、看特点说明、看教学建议、看练习安排、看评价参考、看教学设计。教师要根据《教师教学用书》的要求，明确教学目标，捕捉知识的思考点，突出重点，突破难点，从而打造高效的数学课堂。

三、要定准目标和重点、难点

教师在备课阶段，要全面研读教材和《教师教学用书》，明确教学目标，突出重点，突破难点。

（一）要定准教学目标

新课程标准强调的三维目标，分别指知识目标、能力目标、情感目标。教师需根据每节课的教学内容和学生的学习情况、心理认知特点等确定知识目标。知识目标是教学的主要部分，是学生应当掌握的基本学科知识。教师在备课时，尤其要关注知识点与学生的认知点之间的"交结点"，引导学生以旧知开拓新知。能力目标是学生应当掌握的基本技能，包括动手操作、独立思考、知识迁移能力等。情感目标则是实现积极的师生情感互动。

（二）建立解题模型

教师在备课阶段，除要明确教学目标外，还需细研解题思路，提炼解题模型。解题模型有助于提高学生的解题能力，促进学生数学思维的发展。

例如，人教版六年级上册第三单元"列方程解决含有两个未知量的问题"中的例题 6：

我们班全场得了 42 分。下半场得分只有上半场的一半。上半场和下半场各得多少分？

教师先让学生分组讨论并回答：上半场得分和下半场得分这两个未知量之间是什么关系？教师对各组的回答进行点评，并总结出解题思路：根据等量关系式"上半场得分 + 下半场得分 = 全场得分"，先设"上半场"为"1"，得分 x；再根据"下半场得分是上半场的一半"，推知下半场得分为 $\frac{1}{2}x$，然后得到方程式 $x+\frac{1}{2}x=42$。最后得到的答案是：上半场得分 28，下半场得分 14。

教师通过一步步引导学生，归纳出"含有两个未知量"问题的解题模型，并通过强化练习，让学生熟练掌握这一解题模型。

（三）理解重点、难点知识

教师要运用多种方式呈现重点、难点知识，并让学生通过同桌说、小组说、自己说等方式，复述重点、难点知识。

例如，"已知一个数的几分之几是多少，求这个数"这节课的重点是：使学生学会掌握"已知一个数的几分之几是多少，求这个数"的应用题的解答方法，能熟练地列方程解答这类应用题。为让学生掌握列方程解答这类应用题的方法，教师可设计如下教学环节。

第一环节：学生板书汇报说。让某位学生先指着线段图讲，再讲数量关系式，最后列方程。这位学生讲完后，让其他学生补充。

第二环节：教师阐述解题思路。由题目"儿童体内的水分约占体重的 $\frac{4}{5}$"可知，单位"1"是体重，比较量是水分，对应的分率是 $\frac{4}{5}$，得到的方程式是：小明体重 $\times \frac{4}{5} =$ 小明体内的水分。

第三环节：小组讨论后，互说解题思路。

第四环节：学生完成练习后，教师归纳解题思路。

（四）巧用辅助手段

教师可灵活采用多种教学辅助手段，来突破每节课的重点和难点。例如，在讲授"已知一个数的几分之几是多少，求这个数"这节课时，可利用线段图将题中蕴含的抽象的数量关系以形象、直观的方式表达出来。具体步骤是：画一条线段，代表单位"1"，就是小明的体重；平均分成 5 份，其中水分占 4 份，得到小明体重 $\times \frac{4}{5} =$ 小明体内的水分。已知小明体内的水分是 28kg，则小明的体重为 35kg。

此外，教师还可让学生通过剪一剪、摆一摆、拼一拼、量一量等实践活动，经历知识的形成过程。

四、要合理安排课堂结构

教师要优化课堂教学结构，控制好课堂节奏。每节常态课是 40 分钟，其教学结构大致为：1—2 分钟为导入；10—12 分钟为学生自学或小组讨论；6—8 分钟为学生汇报，教师小结；2—3 分钟为看书质疑、记录；13—15 分钟为练习；1—2 分钟为教师总结。

例如，人教版六年级上册第三单元"列方程解决含有两个未知量的问题"中的练习 1：

一套运动服共 300 元，裤子的价钱是上衣的 $\frac{2}{3}$，上衣和裤子的价钱分别是多少？

这道题的解题思路是：先设上衣的价格为 x 元；由"裤子的价钱是上衣的 $\frac{2}{3}$"可知，裤子的价钱是 $\frac{2}{3}x$ 元，由此得出方程：$x+\frac{2}{3}x=300$。教师在讲解题思路时，对于单位"1"、比较量等学生已经学习过的内容应轻轻带过，要重点讲解学生未接触过的新知识点。

需要注意的是，练习题和例题的着重点是不一样的，例题需精讲解题思路和方法，练习题则需根据学生的答题情况进行点评。

五、要设计好小组讨论步骤

小组讨论法是指教师将全班学生分成若干小组，成员之间围绕某一学习内容或者某一知识点，进行讨论合作学习，而小组讨论题就是教师依据某一学习内容或者某一知识点所设置的问题。小组讨论步骤的设置需遵循三个原则：语言简洁、数量不能超过 3 题、有探究价值。

例如，在讲授"已知一个数的几分之几是多少，求这个数"这节课时，授课教师第一次设计的小组讨论步骤是：

①讨论题目中的信息。

②用画线段图的方式，表示题目中的数量关系。

③通过小组讨论，得出数量关系式。

上述三个步骤中，鉴于第一个问题没有讨论的价值，故将讨论步骤调整为：

①让学生独立画线段图，并分析数量关系。

②写出数量关系式。

③列式解答。

调整后的讨论步骤，表述简洁明确，呈现出完整的解题过程，并让学生经历了新知识的形成过程。

例如，在讲授五年级上册第三单元"可能性的大小"这节课时，授课教师第一次设计的小组讨论步骤是：

①先把球摇匀，再闭着眼去摸。

②将摸出的球重新放回箱子里，摇匀后再闭眼去摸。

③同桌分工合作，一个摸球，另一个负责记录；两人轮换各摸 10

次，共摸 20 次。

上述三个步骤中，前两个步骤是操作规则，无须讨论；第三个步骤只是让学生记录数据，缺少分析。因此，教师可将讨论步骤调整为：

①同桌分工合作，一个摸球，另一个负责记录；两人轮换各摸 10次，共摸 20 次。

②摸完 20 次的小组，选一个人将数据录入多媒体课件中。

③通过观察数据，讨论随机事件发生可能性的大小与事物出现的数量之间存在什么关系。

调整后的讨论步骤，表述简洁明了，让学生通过自己动手操作，获得对概念、原理的理解，体验合作探究的乐趣。

六、要选择合适的学习方式

众智数学提倡的学习方式有：自主探索、动手实践、独立思考、同桌合作、四人小组合作等。不管采用哪种学习方式，其目的都是让学生通过主动探究，经历新知识的形成过程。

例如，在讲授"已知一个数的几分之几是多少，求这个数"这节课时，教师可在不同的教学阶段，引导学生采用不同的学习方式，突破本节课的重点和难点。例如，在"分析与解答"环节，可先让学生独立思考，再进行四人小组讨论；在看书质疑环节，让学生说出自己的解题思路；在练习环节，针对学生的答题情况进行点评。

七、要精准讲解与分析

数学是一门思维严密、逻辑性很强的学科，这就要求教师在进行数学教学的过程中，重视对学生学习思维过程的分析引导，帮助他们建立清晰的知识脉络，并让他们感受数学的严谨性、规律性、趣味性。教师对知识点的精准把握与讲解，对于在数学课堂搭建思维发展的平台、培养学生"有序思考"的能力等，均具有举足轻重的作用。下面，以人教版六年级上册第三单元"列方程解决含有两个未知量的问题"中的例题6为例，阐述教师应如何精讲根据线段图写出等量关系式，让学生掌握这类问题的解题思路。

第一步：先让学生阅读题目："一次篮球比赛中，我们班全场得了42分。已知下半场的得分是上半场的一半，上半场和下半场各得多少分？"然后问学生得到了哪些数学信息？题目中的关键句是哪句？

第二步：请学生根据"下半场的得分是上半场的一半"这一数量关系画出线段图。若设上半场得分是单位"1"，则下半场得分是 $\frac{1}{2}$ 。根据上半场得分 + 下半场得分 = 全场得分，可以画出线段图：

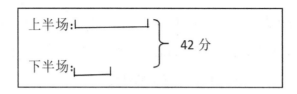

第三步：根据线段图写出数量关系式：$x + \frac{1}{2}x = 42$。

八、要高效落实数学课堂作业

"双减"政策下，我们既要控制学生作业的量，更要提高作业的"质"。课堂练习环节，哪些练习要详讲，哪些练习要略讲；哪些练习要学生独立完成，哪些练习要小组合作完成，教师都要心中有数。此外，教师还可巧用错题，来提升学生的反思和解题能力。

例如，在"已知一个数的几分之几是多少，求这个数"的课堂练习环节，教师可提出一个问题：

我国幅员辽阔，东西距离是 5200km，东西距离是南北的 $\frac{52}{55}$。南北相距多少千米？

老师先指出正确的数量关系：南北距离 $\times \frac{52}{55} =$ 东西距离，再根据这一数量关系列出方程 $\frac{52}{55}x = 5200$。在讲述完正确的解法之后，教师可让学生分组讨论"东西距离 $\times \frac{52}{55} =$ 南北距离"这一表述错在哪里。学生通过讨论得出，是单位"1"找错了。因此，解决这类题的关键是找到单位"1"，写出数量关系，再根据等量关系列式。如果单位"1"找错了，数量关系和列式都会跟着出错。因此，错题有助于学生从另一个侧面抓住概念的本质，进而加深对概念的理解。

九、要归纳总结，拓展思维

每一节课结束前，教师都要以准确简练的语言，对课堂讲授的知识进行归纳、概括，厘清知识脉络，突出重点和难点，归纳解题思路与方法。

例如，在讲授完"已知一个数的几分之几是多少，求这个数"这节课的教学内容后，老师需强调指出，解决这类问题的关键，就是找准单位"1"。此外，在课堂练习环节，教师可引导学生用不同方法解决问题，让学生掌握各种题型的解题思路与方法；还可对课本上的例题、习题进行变式，引导学生对题目进行更深层的探索；还可设计一些综合性比较强的思考性练习，来拓展学生的数学思维，提高他们的解题能力。

十、要让数学课堂充满"数学味"

"数学味"是数学课堂本质特点的体现，也是数学教学的内在要求。怎样让数学课上出"数学味"呢？首先，教师应深入研究教材，严密准确地使用数学语言进行教学，用符号、箭头、图形等数学符号建构数学知识体系。其次，引导学生用数学的眼光去观察，用数学的思维去思考，用数学的语言去表达，用数学知识去解决问题。

例如，在讲授"已知一个数的几分之几是多少，求这个数"这节课时，教师应首先使用精确的数学语言，讲清楚如何运用线段图分析数量关系。然后通过一题多解、变式练习等，突破本节课的重点和难点。

众智数学强调，人人都有智慧学好数学，不同的人在数学上都可得到不同的发展。在课堂教学中，教师应智慧教，学生应智慧学，师生共筑"众智学堂"。与此同时，教师还应贯彻落实"十要"要求，促进学生全面发展和健康成长。

第二篇 课堂实践篇

第一节　明确课标要求　实施有效教学

"数的运算"作为数学知识体系的基础，在小学阶段占有很大的比重，其贯穿于整个小学阶段的第一学段、第二学段。本节拟从意义价值、课标要求、存在问题、解决策略四方面，阐述第二学段"数的运算"的教学策略。

一、意义价值

"数的运算"是小学数学知识体系的基础，也是第二学段教学承接第一学段教学的基础。因此，培养学生的计算能力一直是小学数学计算教学的主要任务之一。"数的运算"关系到学生对数学基础知识与基本技能的掌握，关系到学生观察、记忆、思维等能力的发展，关系到学生学习习惯、情感、意志等非智力因素的培养。

二、课标要求

第二学段的总体要求是："教学时，应通过解决实际问题进一步培养学生的数感，增进学生对运算意义的理解；应重视口算，加强估算，鼓励算法多样化；应使学生经历从实际问题中抽象出数量关系，并运用所学知识解决问题的过程；应避免繁杂的运算，避免将运算与应用割裂开来，避免对应用题进行机械的程式化训练。"

"数的运算"方面的要求包括：

①口算方面：100 以内一位数乘（除）两位数。

②整数笔算方面：能结合现实素材理解运算顺序，并进行简单的整数四则混合运算。其中，加（减）法以两位、三位为主，乘法是三位数乘两位数，除法是三位数除以两位数。

③小数、分数运算方面：会进行简单的小数、分数（不含带分数）加、减、乘、除运算及混合运算（以两步为主，不超过三步）。

④估算方面：在解决具体问题的过程中，选择合适的方法进行估算，体会估算的实际应用的价值，培养学生的估算意识。

此外，会运用运算定律进行一些简便计算，会借助计算器进行较复杂的运算。

教师唯有明确课标要求，才能在教学过程中有的放矢。

三、存在问题

在第二学段"数的运算"的教学实践中，普遍存在如下问题：

（1）学生的口算能力和笔算能力、计算速度和正确率等，存在两极分化的现象。

（2）计算器的使用，影响了学生的计算能力。

（3）算法的多样化，在一定程度上影响到课堂教学效率。

（4）部分学生不明算理，没有真正掌握计算的算法。

（5）课堂练习时间不足。

（6）片面地注重模仿练习，而忽视算理的理解和内化。

（7）列式正确，但计算错误。

四、解决策略

第二学段"数的运算"的教学实践中存在的问题，可运用"八个相结合"来解决。

（一）研读教材与明确要求相结合

数学教材为学生的数学学习活动提供了学习主题、知识结构和基本线索，是实现数学课程目标、实施数学教学的重要资源。因此，要想使教学更有效，首先就要研读教材，把握教材内容，提炼教材的重点和难点。其次，要通过教材文本问题设计、数学生活问题引导、实践问题设置等手段，激发学生自主学习数学的兴趣。最后，根据第二学段总体要求进行教学设计。①注重计算与日常生活的联系。教师可让学生经历一些现实情境，使学生通过活动体验感受和理解运算的意义、来源、现实背景和本质。②加强估算的作用。在计算前对结果进行估算，可以使学生合理、灵活地用多种方法去思考问题。在计算后对结果进行估算，可以使学生获得一种最有价值的检验结果的方法。

教师唯有将教材内容、课标要求、学生实际有机结合，才能真正做到课堂教学的"提质增效"。

（二）情境创设与复习铺垫相结合

数学课程标准明确提出："计算教学时，应该通过解决实际问题进一步培养学生的数感，增进对运算意义的理解。""应使学生经历从实际问题中抽象出数量关系，并运用所学知识解决问题的过程。"计算知识具有抽象性，教师可以借助学生熟悉的生活情境去诠释计算顺序。需要强调的是，计算教学情境的创设必须是有现实意义的，是有生活价值的，必须从学生的年龄特征和已有的生活经验出发。除创设情景外，复习铺垫也是数学教学的重要环节。复习铺垫的目的是有效发挥学习的迁移作用，为知识与能力的迁移做准备。因此，只有将创设情境与复习铺垫紧密结合，才能更有效地促进学生对数学知识的理解与掌握。例如，在讲授人教版小学数学五年级下册"异分母分数加减法"这节课时，在讲解异分母分数加法 $\frac{1}{4} + \frac{3}{10} = ($　　$)$ 前，我先让学生观察例 1 的扇形统计图，并回答问题：纸张和食品残渣各占几分之几？得到算式 $\frac{3}{10} + \frac{3}{10}$；让学生复习同分母分数加减法的计算法则。接着，推导出异分母分数加法的计算法则：先通分，然后按照同分母分数加减法的法则进行运算。

（三）算理直观与算法抽象相结合

算理是指四则运算的理论依据，它是由数学概念、性质、定律等内容构成的数学基础理论知识。算法是实施四则计算的基本程序和方法。算理为算法提供了理论指导，算法使算理具体化。学生只有明确了算理，掌握了算法，才能灵活、简便地进行计算。一些教师片面地认为，计算教学没有"捷径"可走，只要让学生掌握了计算方法后，反复"演练"，就可以达到正确、熟练的要求了。这就导致学生虽能依据计算法则进行计算，但是由于算理不清，无法适应计算中千变万化的具体情况。

要想将算理直观与算法抽象结合，须做到"三结合、一桥梁、一结论"。其中，"三结合"是指数、形相结合，数、话相结合，摆、说、写相结合。在教具演示、学具操作和图片对照等直观模型的刺激下，学生更容易通过数形结合的方式，清晰地理解算理。"一桥梁"是指在算理直观与算法抽象之间建构一架桥梁，让学生在充分体验中逐步完成"动作思维—形象思维—抽象思维"的发展过程。"一结论"是指计算教学既需要让学生在直观中理解算理，也需要让学生掌握抽象的法则，更需要让学生充分体验由直观算理到抽象算法的过渡和演变过程，从而达到对算理的深层理解和对算法的切实把握。例如，在讲授人教版小学数学五年级下册"异分母分数加减法"这节课时，让学生在联系已有的知识经验探索异分母分数加、减计算方法的过程中，进一步体会数学知识之间的内在联系，感受"转化"思想在解决新的计算问题中的价值，发展数学思维能力。

（四）笔算与估算相结合

笔算是数学中最常用到的一种计算方法，估算则是学生应当掌握的一种重要的计算技能。随着计算技术的进一步发展，大量的计算并不要求进行精确计算，而一个人在日常生活中进行估算的次数，远比精确计算的次数多得多。课程标准对小学第二学段的估算教学的要求是：估计商的近似值、试商、估计小数乘法的结果、用估算进行验算，等等。因此，教师应注重让学生结合具体情境进行估算，选择合适的估算方法，并逐步养成估算习惯。此外，教师可指导学生每做完一道题目，先估计一下数值，然后与实际计算所得的答案比较，从而使学生及时觉察出错误并加以更正。

（五）算法多样与算法优化相结合

传统计算教学的基本模式是：教材选定算法→教师讲解算法→学生模仿算法→练习强化算法。课程标准提出："由于学生生活背景和思考角度不同，所使用的方法必然是多样的，教师应尊重学生的想法，鼓励学生独立思考，提倡计算方法的多样化。"课程标准提倡计算方法的多样化，为教师尊重学生个性化的思考提供了空间，也开拓了学生的思维。需要明确的是，算法多样化应是一个过程，而不是教学的最终目的，不能片面追求形式化。教师在课堂教学时，既不必费尽心机地"索要"多样化的算法，也不必为了体现多样化而刻意引导学生寻求"低思维层次算法"，而是要将算法多样化与算法优化有机地结合起来。算法的优化是算法多样化的重要组成部分，是算法多样化策略的延伸。算法多样化教学在实施过程中，需注意以下问题。①教材上所提供的思路和方法，教学中不必面面俱到，而要侧重"通法""通则"。②不必为了体现多样化，刻意引导学生寻求"低思维层次算法"。③算法优化的过程应是学生不断体验和感悟的过程，而不是教师强制规定和主观臆断的过程，教师要让学生自己逐步找到适合自己的最优算法。例如，人教版小学四年级下册"简便运算"练习题：234-66-34=（　　）。教材上出现了三种算法：第一种是常规的递等式算法，第二种是234-66-34=234-（66+34），第三种是234-66-34=234-34-66。教师讲完三种算法后，让学生通过对比，选出最优解法是第二种。

（六）讲解与练习相结合

一些教师认为，计算教学没有什么道理可讲，学生只要将法则牢记于心，反复"演练"，自然就可以达到正确、熟练的要求，由此导致学生对算理的认识模糊不清以及对算法的一知半解。要想解决这一问题，就需要教师在计算教学中，一方面要引导学生掌握正确的算法，夯实计算的基本功；另一方面要留给学生充分的独立练习时间，并使课堂练习更有效。如何才能提高课堂练习效果呢？①课堂练习的设计要有针对性、层次性、阶梯性；②用好、用活教材，创造性地使用教材；③针对学生的易错点、易混点和难点，设计单项练习。④做好及时讲评，寓练于讲，融讲于练。

（七）帮扶与放手相结合

第二学段的计算教学中，可充分利用四人合作小组来提高单位时间内学生学习、交往、表达的频度与效率，利用优势互补，培养学生探究意识和合作精神。在实现算理和算法之间的有效迁移时，教师就需要积极地利用学生已经学习过的知识，让学生对算理进行探究，对算法进行总结。为了加深学生对算理和算法的理解，教师可让学生们根据自己计算的过程和结果，归纳自己的计算方法。教师在点评学生算法的过程中，给出正确的算法描述。

（八）计算技能与解决问题相结合

课程标准中不再设置专门的"应用题"领域，而是注重让学生经历将一些实际问题抽象为数与代数问题的过程，掌握数与代数的基础知识和基本技能，并能解决简单的问题。教育心理学认为，计算是一种智力操作技能，而知识转化为技能是需要一个过程的。一般来说，学生计算技能的形成需经历四个阶段：认知阶段→分解阶段→组合阶段→自动化阶段。其中，认知阶段主要让学生理解算理，明确方法。而复杂的计算技能总是可以分解为单一的技能，对分解的单一技能进行必要的训练并逐渐组合，才能形成复合型技能，再通过综合性训练达到自动化阶段。需要指出的是，在学生初步理解算理、明确算法后，不必马上去解决实际问题，因为这时正是计算技能形成的关键阶段，应根据计算技能的形成规律，及时组织练习。只有在明确算理、掌握算法的基础上，才能形成计算技能，并运用计算技能解决实际问题。上述过程可以概述为：学生初步理解算理，明确算法→针对重点、难点进行专项练习和对比练习→根据学生实际体验，进行归类练习和变式练习→形成计算技能，掌握解题策略→运用计算技能解决实际问题。

课程标准的基本理念，是让每一个学生在数学上都能得到充分的发展。立足于这一理念，第二学段"数的运算"的教学不仅要考虑数学自身的特点，更应遵循学生学习数学的心理规律，强调从学生已有的生活经验出发，让学生亲身经历将实际问题抽象成数学模型并进行解释与应用的过程。学生只有在明确算理、掌握算法的基础上，才能形成计算技能，并运用计算技能解决实际问题。因此，教师在第二学段的计算教学中，应依据课标要求和学生实际，以"八个结合"为抓手，以培养学生的计算能力为重点，切实提高学生的数学核心素养。

第二节　科学设置　促进学生智慧生成

　　备课是指教师根据课程标准的要求和本门课程的特点，结合学生的具体情况，选择最适合的表达方法和顺序，以保证学生有效地学习。备课要做好三方面的工作——钻研教材、了解学生和设计教法。其中，钻研教材包括研究课程标准、教科书和有关参考资料。设计教法包括如何组织教材、如何确定课的类型、如何安排每一节课的活动以及如何运用各种方法开展教学活动等。下面，结合我参加的一次数学教研活动，来谈谈科学设置在备课中的重要作用。这次教研活动主要围绕三年级上册"分数的初步认识"和六年级上册"描绘物体的具体位置"的磨课→观课→议课而展开。

一、设置有价值的讨论题，让学生主动学

　　"问题导学法"又称"设问教学法"，就是通过创设特定的问题情景，引导学生在解决问题的过程中，主动获取和运用知识、技能，以激发学

生学习主动性、自主学习能力和创造性解决问题的能力的课堂教学方式。教师以"学习任务单"和"讨论题"为媒介，引导学生在教学活动中自主、合作、探究学习。

例如，在讲授"分数的初步认识"时，教师设置了两个活动。活动一的内容是：

（1）写一写：完成教材第 90 页上的填空题。

把一块月饼平均分成 2 份，每份是这块月饼的一半，也就是它的

（一）分之（二），写作（$\frac{1}{2}$）。

（2）说一说：同桌互相说一说 $\frac{1}{2}$ 表示什么意思。

活动二的内容是：让学生拿一张正方形纸折一折，表示出它的 $\frac{1}{4}$。

（1）想一想：同桌讨论可有几种折法。

（2）折一折：同桌合作折一折，并标出 $\frac{1}{4}$。

（3）说一说：对比不同的折法，有什么发现？

再如"描述物体的位置"这节课，阅读教材第 20 页上的例题 2，在例 1 的图中标出 B 市、C 市的位置。

教师先就以下几个问题与学生进行讨论：在例 1 的图中标出 B 市的位置时，应先确定什么？北偏西 30°应怎样描绘？量角器应怎样摆？距离 200km 怎样在例 1 的图中表示出来？教师在提问讨论环节结束后提出两道讨论题：①画：让学生自己在学习单上画出 B 市和 C 市的位置。

②说：学生在小组内说一说自己是如何画的。

作为观课者，我认为教师与学生的讨论题具有一定的启发性，但教师设置的两道讨论题的价值并不大。在议课时，我提出的三道讨论题分别是：①画："北偏西 30°"应怎样描绘？②理解 $\overline{100\text{km}}$，怎样标出 B 市、C 市的位置？③画的时候，应先确定什么？再确定什么？

教师在设置讨论题时，需注意两个问题：一是围绕本节课的重点和难点内容来设置讨论题，二是引导学生通过自主学习、小组合作、同伴互助等方式突破难点。

二、设置有效的汇报环节，让学生做主人

教师在备课时，除了要科学设置课堂讨论环节外，还应设置好汇报环节。也就是说，教师应对学生汇报的内容、顺序等，做好充分的预设。

例如"分数的初步认识"中，解答教材第 90 页上的填空题的具体环节是：

环节一：四人小组分工合作，一人将一块饼干平均分成两份；另一人看着饼干说，每份是这块饼干的 $\frac{1}{2}$；第三个人指出，平均分才公平；第四个人拿着半块饼干说，自己分到了这块饼干的 $\frac{1}{2}$。

环节二：询问学生还有什么不同意见。然后板书：将一块饼干平均分成两份，每份是它的 $\frac{1}{2}$。

环节三：全班齐说一次：将一块饼干平均分成两份，每份是它的$\frac{1}{2}$。

环节四：教师强调：把单位"1"平均分成若干份，表示这样的一份或者几份的数，叫作分数。

再如"描述物体的位置"中，在例 1 的图中标出 B 市、C 市的位置的具体环节是：

环节一：四人小组分工合作：一人阐述"北偏西 30°"的意思；一人在投影仪上描绘出北偏西 30°；一人阐述 |—100km 的意思，并在图上标出；一人回答画的时候先确定什么、再确定什么。

环节二：询问学生还有什么不同意见，对各小组的回答进行点评。

环节三：对于错误的回答，教师应指出其错在哪里，正确的答案是什么。

环节四：教师播放微课。

环节五：教师总结解题思路，板书解题过程。

教师应该灵活运用小组合作学习模式，引导学生深入思考和探取新知识。

三、设置思维性问题，让学生深思考

数学教学是思维的教学，教师在备课时，应针对所学内容预设问题，通过问题激发学生的思考，培养学生的独立思考能力。例如，"分数的初步认识"中的例 2：

请大家拿出一张正方形的纸，折一折表示出它的 $\frac{1}{4}$。

学生们采用三种折法，得到 ▦、▨、▥ 三种图形。教师

可以让学生们讨论：这三种图形的形状并不相同，为什么都可以用 $\frac{1}{4}$ 来

表示阴影部分的面积呢？学生们讨论结束之后，教师进行总结：把一个
物体平均分成几份，其中的一份就是这个物体的几分之一。

四、设置有趣的课堂作业，让学生懂应用

课堂练习是及时检验教师教学情况和学生学习情况的有效方法，也
是师生良好互动的平台。因此，教师在备课时，应有计划、有目的地精
心设计课堂练习。例如，"分数的初步认识"中，练习二十的第1题是：

下面的分数能表示各图中的涂色部分吗？能表示的画"✓"，不能表
示的画"×"。

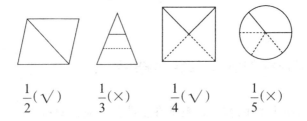

$\frac{1}{2}$（✓）　　$\frac{1}{3}$（×）　　$\frac{1}{4}$（✓）　　$\frac{1}{5}$（×）

在学生完成练习后，教师可通过让学生将不能用几分之一表示的图
形，改为可以用几分之一表示的图形，使其充分经历"平均分"的过程，
明确"平均分"的含义。

数学教学是思维的教学，这就要求教师不仅要传授给学生数学知识、基本技能和方法，而且要注重培养学生的创新思维能力。教师可通过创设问题情境、活用小组讨论、巧用课堂练习等，发展学生的数学思维能力。

第三节　精读活用教材　提高课堂质量

教材是教学之本，是实现课程目标的重要教学资源，是教师"教"的重要依据，也是学生"学"的重要依据。精读教材、活用教材是提高课堂教学的实效性的前提。下面，以人教版五年级上册"用字母表示数"的课堂教学为例，谈谈对如何精读教材、活用教材的一些认识和思考。

一、抓住关键，读懂教材

教师在备课阶段，需仔细研读教材和《教师教学用书》，明确本节课的教学目标和教学内容，根据教学和学生的实际制订教学计划。首先，准确把握教材的编写意图、知识结构。本节课有两道例题。例1根据"爸爸的年龄比小红大30岁"这一条件，制作了一个表格：

小红的年龄／岁	爸爸的年龄／岁
1	1+30=31
2	2+30=32

续表

3	3+30=33
……	……

　　这些式子，每个只能表示某一年爸爸的年龄，请学生用一个式子表示出任何一年爸爸的年龄。例 1 给出的解题思路是：用字母 a 表示小红的年龄，爸爸的年龄用 a+30 来表示。

　　例 2：在月球上，人能举起物体的质量是在地球上的 6 倍。图中的小朋友在地球上能举起 15kg 的物体，在月球上能举起多少千克的物体？

　　这两道例题的关键，分别是用一个式子表示出任何一年爸爸的年龄、用含有字母的式子表示出人在月球上能举起的物体的质量。其次，整体把握课堂节奏，如何导入新课、如何讲授新知识点、安排哪些练习等，教师都要做好充分的预设。最后，突破教学重点和难点。从具体的、确定的数过渡到用字母表示抽象的、可变的数，对学生来说是认识上的一个飞跃。因此，在教学中，教师要充分利用学生原有的相关认识基础，使学生从具体实例到一般意义的抽象概括逐渐过渡。

二、有效串联，用好教材

　　教师在进行教学设计时，要在充分了解和把握教材的基础上，对教材进行适当的整合和拓展，建立新旧知识之间、知识与生活之间的联系。教师可根据实际情况，将例 1 中的"爸爸比小红大 30 岁"的加减关系，改编为"×× 老师比 ×× 同学大 25 岁"；将例 2 中的"在月球上，人能举起物体的质量是在地球上的 6 倍"的乘除关系，改编为"×× 老师的体重是 ×× 同学的 3 倍"。

×× 老师比 ×× 同学大 25 岁		×× 老师的体重是 ×× 同学的 3 倍	
×× 同学的年龄	×× 老师的年龄	×× 同学的体重	×× 老师的体重
1	$1 + 25 = 26$	10	$10 \times 3 = 30$
2	$2 + 25 = 27$	20	$20 \times 3 = 60$
3	$3 + 25 = 28$	21	$21 \times 3 = 63$
……	……	……	……
11	$11 + 25 = 36$	40	$40 \times 3 = 120$
……	……	……	……
a	$a + 25$	x	$x \times 3 = 3x$

上表中既有教师与学生的实际年龄和体重，又用"……"表示有规律的省略，可使学生在现实情境中理解并学会用字母表示数，会用含有字母的式子表示数量、数量关系和计算公式。

此外，教师在设计课堂练习时，要注意知识点之间的串联。我设计了三道讨论题，让四人小组讨论交流：①用含有字母的式子表示出老师任何一年的年龄。②用含有字母的式子表示出老师任何时候的体重。③字母的取值范围。

三、灵活拓展，活用教材

教师在讲授课本知识内容的同时，应充分利用课本中的例题与习题。在课堂练习环节，我设置了四道练习题。

①让学生独立完成课本第 53 页的"做一做"，回答如下问题：长方形纸条的宽是 3cm，怎样用含有字母的式子表示长方形纸条的面积？长

方形纸条的面积能用"$x·3$"表示吗？为什么？

②让学生独立完成课本第 55 页第 2 题，并自行编制练习题。编题时，要提醒学生注意已知数和字母的数量关系、未知数的取值范围等。

③亚洲成年人的标准体重的千克数 = 身高厘米数 −105，如何用含有字母的式子表示出成年人的标准体重？请学生根据"$a−105$"计算出自己的标准体重。

④1 只青蛙 1 张嘴，2 只眼睛 4 条腿，2 只青蛙……几只青蛙 __ 张嘴，__ 只眼睛 __ 条腿。用含有字母的式子表示出青蛙的嘴和眼睛、嘴和腿、眼睛和腿之间的数量关系。

综上所述，教师唯有在整体把握教材的基础上，将新旧知识串联起来，巧用多种教学方法来突破教学的重难点，才能切实提高课堂教学实效。

第四节　精准把握教材　优化作业设计

　　小学数学教育必须突出基础性、普及性和发展性，使每个学生都能获得最基本的数学知识，实现人人学有价值的数学。而这一教学目标的达成，需要教师精准把握教材，优化作业设计，提高课堂效率，突出学生的课堂主体地位，培养学生的自主学习能力。下面，以我曾观摩过的三年级上册"四边形的认识"一课为例，谈谈自己对优化作业设计的认识和思考。

一、精准把握教材，清晰作业要求

　　本节课的教学目标是：直观感知四边形，能区分和辨认四边形，了解四边形的特点，并能根据四边形的特点对四边形进行分类。认识长方形、正方形和四边形的特点及共性，将抽象的几何知识形成表象，发展空间观念则是学生形成本节课知识时最主要的障碍点。鉴于学生在一年级时已经学习了长方形、正方形、平行四边形、三角形和圆，教师可引导学生通过画一画、折一折、量一量、数一数等活动，主动探究并归纳出长方形和正方形的特征，培养学生的观察比较和概括抽象等能力。

作业设计的核心价值，在于强化培养学生对所学知识的认知与理解，培育学生的知识学习迁移和综合技术运用管理能力。这就要求教师根据课程标准和教材内容，对照学情特点，针对教学过程中的重点、难点内容设计作业。换言之，教师只有在整体把握教材、精准把握学情和生情的基础上，联系生活实际，才能设计出贴近实际、层次丰富的作业，引导学生走出书本、走出课堂，走向生活、走向实践。

二、精准预判学情，设计堂上作业

如前所述，作业设计的核心价值，在于强化学生对所学知识的认知与理解。有鉴于此，教师在呈现教学内容后，设计了基础类作业、综合类作业和实践类作业。

基础类作业侧重于巩固基础知识和基本技能。因此，教师在设计这类作业时，要梳理出课堂教学中要求学生掌握的必备知识，设计基本层面的知识问题情境，在情境中设计调用单个知识点即可解决的任务。我的设计为：

（1）填一填：让学生独立完成课本第 81 页第 4 题：不用直尺测量，把答案填出来。

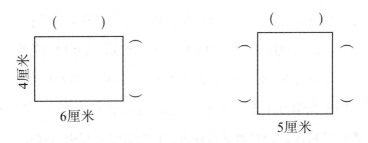

让学生分组讨论：自己是根据什么填的？在讨论结束后，教师作出小结："两组对边分别相等"是长方形和正方形的共同特征。

（2）判一判：让学生独立完成课本第81页第1题：下面的说法正确吗？正确的画"√"，错误的画"×"。

①四边形有四条直的边。（　　）

②四边形有四个直角。（　　）

③四边形的对边相等。（　　）

教师提问：②③错在哪里？在学生回答后，教师作出小结：根据四边形的含义，由四条线段首尾顺次连接而成的图形就是四边形。四个角都是直角、对边相等是长方形和正方形的特征，并不是所有四边形的特征。

这两道基础题，通过不同形式呈现了长方形、正方形及四边形的特点。

综合类作业侧重于应用学科思想与方法。因此，教师在设计这类作业时，要以学生习得知识的过程与方法为切入点，在情境中设计运用多个知识点解决问题的应用性任务。我的设计为：

（1）猜一猜：让学生独立完成课本第81页第3题：信封里装的是个四边形，信封中露出了两个直角，猜一猜它可能是什么图形。

在学生回答出"信封里可能是长方形或正方形或直角梯形"后，教师接着让学生们说一说自己猜测的依据是什么。

（2）变一变：观察下面的四个小正方形，指出它们发生了什么变化。

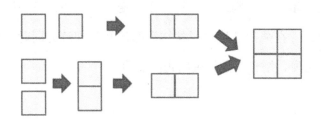

这两道综合作业，通过猜一猜，激发学生的学习兴趣和求知欲；通过变一变，让学生进一步明晰长方形与正方形的区别与联系。

实践类作业侧重于拓展学科思维、开阔学科视野。因此，教师在设计这类作业时，要引导学生运用新学到的知识解决实际问题，做到学以致用。我的设计为：

（1）画一画：让学生独立完成课本第80页"做一做"第1题：在方格纸上画出一个长方形和一个正方形。

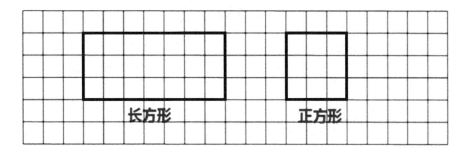

（2）摆一摆：让学生独立完成课本第82页第5题：如何用两副同样的三角尺，分别拼成一个长方形和一个正方形？

　　这两道实践作业，让学生通过画一画和摆一摆，经历探索长方形、正方形特征的过程，进一步掌握长方形和正方形的基本特征。

　　综上所述，教师应在整体把握教材、精准把握学情和生情的基础上，综合采用填一填、判一判、猜一猜、变一变、画一画、摆一摆等层次丰富的作业形式，在强化学生对所学知识的认知与理解的同时，发展学生的数学思维能力，培养学生解决问题的能力。

第三篇　智慧教研篇

第一节　用好《教师教学用书》 促进众智学堂建设常态化

　　小学数学《教师教学用书》是教材编者为了帮助教师了解义务教育教科书《数学》各册的教学内容、教材编排和教学目标，更好地进行数学教学而编写的辅助性、指导性教学用书。全套书共 12 册，与各册教科书配合使用。各册《教师教学用书》主要由本册教材说明（本册教材的教学内容和教学目标、教材的编写特点、教学中需要准备的教具学具、课时安排等），各单元的教材说明和教学建议（包括每个单元的教学目标、内容安排及其特点、教学建议，每一页教科书的教材分析和教学建议，以及本单元教学的教学设计或教学片段、备课资料、评价建议与评价样例）两部分组成。《教师教学用书》不仅为教师顺利完成教学任务、开展教研活动提供了丰富的资源，也为促进众智学堂建设常态化提供了科学的理论指导和行动指南。

一、教师备课的抓手，抓准知识点

《教师教学用书》是教师备课的重要抓手，要用准、用足、用巧。在阅读《教师教学用书》时，需做到"八看"。

一看课本内容。《教师教学用书》作为教材的说明书，对教材的整体架构、每一单元、每一课时，甚至每一幅图片、每一段文字、每一个操作活动、每一道练习题，都有详细的解读。教师只有仔细阅读，才能把握教材内容，明晰教材编排意图，确定教学的重难点。

二看教学目标。《教师教学用书》在"各单元的教材说明和教学建议"部分，对各单元目标都有详细解读，教师应将单元目标分解到每一节课。教师在备课时，应紧扣教学目标，设计好每一个教学环节。

三看编写意图。《教师教学用书》在"编写意图"部分，对教材上的每一个例题、每一幅图以及每一道练习题都有详细解说，可以让教师在备课时，做到有的放矢。

四看编排特点。《教师教学用书》在"特点说明"部分，阐述了各单元内容的主要特点，与已学过内容的联系，为下一阶段学习奠定的基础。例如，三年级上册"万以内的加法和减法（二）"的编排特点是：①结合解决实际问题教学计算；②让学生经历计算法则的获得过程，渗透数学思想；③将"验算"分散编排；④突出根据实际需要灵活选择解决问题的策略。

五看教学建议。《教师教学用书》在"教学建议"部分，提出了非常具体的学法和教法的指导，有助于教师在备课时，制定出较为灵活的教学设计。例如，三年级上册第41页教材内容的教学建议是：①要善于对教材资源进行教学法的加工；②明确算理，掌握算法；③适度概括，交流算法。

六看练习安排。《教师教学用书》对教材中所有例题和练习题的命题意图、解题思路、考查目标等，都给出了详细的解读，为教师精心设计练习的内容、提高练习的实效提供了精准化指导。例如，三年级上册第44页练习九的第4—6题，是退位减法的专项练习，并提出了验算的要求。

七看评价参考。《教师教学用书》在"评价建议与评价样例"部分，给出了各单元的评价内容、评价标准、评价样例。这就为教师合理地出卷、审卷、阅卷、析卷和评卷提供了科学指导。例如，三年级上册"万以内的加法和减法（二）"的评价标准是：能正确笔算三位数加、减三位数，能验算计算的结果是否正确，能正确运用所学的知识解决一些简单的实际问题。

八看教学设计。《教师教学用书》中的"本单元教学的教学设计或教学片段"，为教师上好常态课提供了实践路径。但课堂教学是千变万化的，教师需依据学情变化，灵活调整教学设计。

总而言之，教师应以《教师教学用书》为抓手进行备课，通过"八看"，从整体上把握教材内容，完善教学计划，优化教学方案，激发学生数学学习兴趣，培养学生的数学思维能力，积极打造众智学堂。

二、教师观课、议课的帮手，找准关注点

观课、议课是一种日常的课例研讨活动，是教研组和备课组磨课、

打造高效课堂的重要途径。《教师教学用书》是对教材的发掘拓展和延伸，不仅是教师备课、上课的指导用书，也是教师观课、议课的重要指南。《教师教学用书》在观课、议课方面，具有三大功能。

一是活动定位。数学教学是数学活动的教学，教师在教学过程中，应通过精心设计数学活动，让学生在参与中体验，在活动中感悟数学概念和数学结论。因此，教师在观课、议课时，需重点关注授课教师设计的教学活动是否合理、是否将教材的内容融会贯通、是否让学生真正围绕教师的教学意图参与教学活动。

二是凸显重点。教师在观课、议课时，不仅要关注教师对教学重点和难点的讲解是否到位，也要关注学生对教学重点和难点的掌握情况。《教师教学用书》对每节课的重点和难点都进行了详述，可为观课、议课提供重要参考。

三是评价与建议。观课教师、议课教师可依据《教师教学用书》，对授课教师的教学内容、教学过程、教学策略、教学效果等进行评价，针对教学中存在的问题，提出有效的改进措施。

综上所述，《教师教学用书》能帮助观课教师、议课教师明晰所观之课的教学目标、重点和难点，对授课教师的教学情况和学生的学习情况做出客观的评价，从而提出针对性强、参考价值高的意见和建议。

三、教师专业提升的助手，捕获思考点

与数学课程标准相比，《教师教学用书》的内容更丰富，既有对教材内容、重点和难点的全面解析，又有丰富多元的教学设计、教学建议、

教学活动、教学方法，是教师专业成长的良师益友。

一是帮助教师提高自身的教育教学水平。《教师教学用书》是众多科研教育工作者智慧的结晶，具有极强的实用性、知识性、权威性，其中不仅蕴含着丰富的教学理念和教学方法，还给出了丰富的教学建议及优秀的教学设计，对于教师如何备课、上课、说课、听课和评课，都提供了精准化的指导。

二是指导教师开展教育教学研究。《教师教学用书》中蕴含着丰富的教学资源，不仅为教师们提供了权威、丰富的学科专业知识，也为教师们开展教育教学研究提供了素材、拓展了思路。教师们应以课堂教学为切入点，以《教师教学用书》为抓手，扎实推进教育科研工作，在教学研究中提升自己的专业能力。

《教师教学用书》是以课程标准为准绳、以课程目标为出发点、以教材为依据，帮助教师充分理解课程与教学的核心课程材料。它既是教师准确把握课标和教材、实现高效课堂的重要抓手，也是对教学效果进行评价的重要依据。因此，教师们必须用好、用活。

第二节　聚焦众智学堂的校本教研模式研究

一、研究背景与现状

"校本教研"是 2013 年公布的教育学名词，是指以中小学教育教学过程中的具体问题为主要研究对象，以教师为主体，以行动研究为主要方式，以推动本校发展为主要目的的研究活动。时至今日，仍有一些教师对什么是校本教研、如何高效开展校本教研知之甚少。其突出表现是：课堂开放而无序，课堂活跃而无实效，课堂自主而掌握不了知识。

新课程倡导民主、开放、科学的课程理念，要求教师在教学过程中以研究者的角度审视和分析教学实践中的各种问题，对出现的教学问题进行研究，总结经验，并形成规律性的认识。在新课程改革的背景下，教师的教学理念、教学方法、角色定位都发生了根本性的变化，教师们潜心研究教育教学规律和学生身心发展规律，扎实推进校本教研工作。由于缺乏科学教育理论的指导，再加上教学任务繁重，我校在开展校本教研的实践过程中暴露出三个问题。

一是缺乏专业引领。本校教师的教学研究能力较弱，与教研专家接触的机会较少。因此，缺乏专业引领成为制约我校校本教研的"瓶颈"，校本教研也难以满足教师发展的个体需求。

二是缺乏针对性。教师缺乏问题意识，课题意识薄弱，不善于在日常教学实际中捕捉研究问题。这就导致校本教研活动陷入"形式主义"，缺乏实用性和针对性。

三是校际教研较少。目前的校本研究多局限在"本校"范围内，大多围绕"本校"的事实和问题而展开。

为有效解决上述三个问题，我校依照新课程改革的要求，立足校情、师情、生情，于2012年9月提出了聚焦"新学堂"的校本教研模式。经过三年多的实践研究，我校的校本教研工作取得了一定的成效，教师的教科研能力也得到了大幅提升。

二、聚焦"新学堂"的校本教研模式的内涵和特点

（一）"新学堂"的内涵

"新学堂"倡导根据课程标准组织教学活动，推进课堂教学改革。具体来说，我校从课堂管理、课堂沟通、课堂语言、学生学习需求、先知学生五个要素入手，扎实推进"新学堂"常态化建设。

1. 课堂管理

课堂既是传授知识的场所，也是学生培养学习习惯的场所。自踏入

课堂的一刻起，教师的行为方式、情绪状态、人格特征等，都会成为学生模仿的对象。因此，教师除了向学生传授学科知识外，还要教会学生为人处世的道理。

2. 课堂沟通

课堂沟通的意义不仅在于活化学生对知识的理解，增强学生的学习能力，它还丰富着学生的情感体验和生活体验。课堂沟通分为语言沟通和非语言沟通两种，无论采用哪种方式，教师都要引导和确定课堂沟通的方向，巧妙处理课堂教学中的突发事件。只有让学生感受到被理解、被尊重、被重视，他们才会积极参与到教学活动中来。

3. 课堂语言

苏霍姆林斯基在《教育的艺术》中指出："教师的语言是一种什么也代替不了的影响学生心灵的工具。"教师的语言分为教学语言和教育语言两种，其中，教学语言影响着学生学习主动性的发挥，影响着学生知识的接受和智力的开发程度，还影响着学生语言的发展。教师的教学语言要做到准确的知识性、严格的规范性、思维的逻辑性、有序的系统性。

4. 学生学习需求

课堂教学应充分关注学生的需求，并将学生的学习需要和兴趣作为教学设计的起始点和落脚点。课堂转型最为核心的一句话，就是"以学生为中心来组织教学"。所谓"以学生为中心"，就是要把促进学生健康全面发展放在首要位置，切实落实学生的主体地位，以唤醒学生的自主性，发展学生的特长，彰显学生个性，发挥学生潜能。

5. 先知学生

现代学习生活中，学生的知识来源更加多样化，感悟能力越来越强。

因此，有些学生无须教师一步步启发，便能直接知晓答案。这部分学生就是所谓的"先知学生"。教师应充分发挥自己的教育智慧，将"先知学生"转化为课堂的教育资源，以他们为"领头雁"去激发其他学生的学习潜能。

（二）校本教研

如前所述，校本教研是指以中小学教育教学过程中的具体问题为主要研究对象，以教师为主体，以行动研究为主要方式，以推动本校发展为主要目的的研究活动。校本教研包含四方面的内容：①问题。问题是校本教研活动的起点，解决问题是校本教研的归宿。但，并非所有的问题都能成为校本教研中的问题，校本教研研究的问题应具有普遍性、代表性、典型性和相对复杂性等。②主体参与。校本教研的主体是教师，没有教师的主动参与，就不可能存在真正意义上的校本教研。教师除了要主动学习教育科研理论知识外，还要向专家请教，向同行学习。③系统。校本教研是一项系统性研究活动，需要有目的、有计划、有步骤地推进。④改进。校本教研应从实践中发现问题，在实践中研究问题，最终目的则是服务于教学实践。因此，校本教研的成果，应有助于改进或解决教育教学中的实际问题。

以课例为载体的校本教研包含四个基本要素——教师自主研究、小组合作研究、集体有序突破和专家专业引领。这四个要素也是聚焦"新学堂"校本教研的四个基本要素，它们构成了校本研究的四位一体的关系。

1. 教师自主研究

教师自主研究是校本教研模式的基础，任何教研活动都必须经过教师的同化和顺应，才能发挥出其应有的作用。在日常的教学活动中，教师应增强研究意识，养成理论学习和实践反思的习惯，不断提高研究和解决教学实际问题的能力。

2. 小组合作研究

小组合作研究以其规模小、人数少、交流频率高、讨论效果大而成为校本教研模式的根本。同一学科、同一年级的教师们共同研讨，互相交流学习，共同扩大研究的广度、挖掘研究的深度、提升研究的效度。同级小组合作研究的形式有集体备课、多次磨课、小组议课等。

3. 集体有序突破

集体有序突破是校本教研的核心要素。它要求科组长根据新课程改革的要求，结合本校数学教学的实际情况，提出兼具学术价值、应用价值的研究课题，充分发挥数学教研组全体教师的智慧和力量，共同解决课题研究中存在的各种问题。

4. 专家专业引领

专家专业引领是校本教研持续发展的关键。离开专家的引领和学术支持，校本教研只能在浅层次上徘徊，迈不开实质性的步伐。因此，我校经常邀请教研专家来校指导，通过"专题讲座""案例分析""咨询答疑"等方式，提升一线教师的教育科研水平。

（三）理论依据

发展心理学认为，学生的学习过程是一种运用学习策略的活动。学生最重要的学习是学会学习，最有效的知识是自我调控的知识。

建构主义学习理论认为，学习过程不是学习者被动地接受知识，而是积极地建构知识的过程。

小学数学新课程标准强调，过程和方法（学会学习）是学生获得基础知识与掌握基本技能的前提，是教育的根本。教师要积极改革教学方法，注意研究学生的心理特征和认知规律，善于启发学生的思维，使他们积极、主动地获得知识和提高能力。

因此，"新学堂"强调要培养学生自主、合作、探究的学习能力，引导学生积极主动参与教学过程，鼓励学生运用不同的学习策略去发现问题、研究问题和解决问题。

（四）指导原则

一是在新课程标准理念的指导下，紧紧围绕课堂教学改革，选择兼具学术价值、应用价值的研究课题。

二是将阶段性成果付诸课堂教学实践，并根据实践结果灵活调整教学设计。

三是通过让教师们同备一节课、同上一节课、同听一节课、同评一节课，促进学、思、研、教合而为一。

四是邀请教研专家到校进行教学指导，进一步提升学校教师的教学能力、教研能力。

五是提炼课题研究成果，撰写研究报告。

（五）聚焦"新学堂"的校本教研模式流程

1."新学堂"的课堂教学流程

"新学堂"的课堂教学的基本流程可简述为：情境引入→提出问题学

生自学→小组讨论展示交流→点拨提升互助练习→课堂总结。

课堂的组织应做到可创设一些有价值、有吸引力的情境，激发学生的学习兴趣；适当设计一些小组活动，发挥学生的主体作用；教师根据教学情况，适当调整课堂的教学进程及教学内容。

①课堂沟通：应创设民主和谐的课堂环境和自主参与的教学情境；认真倾听学生的回答，巧用语言、肢体语言来启发学生的思维。

②课堂语言：用准确简洁、生动形象、妙趣横生、善于激励的教学语言激发学生的学习兴趣。

③关注学生需求：注重学生的个体差异与不同需求，尊重学生，信任学生，依靠学生，激励学生，发展学生。

④直面"先知学生"：请"先知学生"充当"小老师"，上台讲解小知识点或例题，激发他们的学习兴趣。

2. 聚焦"新学堂"的校本教研模式流程

聚焦"新课堂"的校本教研模式的基本流程可简述为：聚焦"新课堂"，确定课题→个性研究，理解教材→集体备课，一度设计→磨课评议，二度设计→磨课评议，三度设计→全校公开，形成模块→全校评议，反思教学→整理资料，撰写论文。

三、聚焦"新学堂"的校本教研模式

（一）同级同伴互助研究模式

这里以人教版六年级上册"比的基本性质"的课堂教学为例，展开论述。

第一阶段：个体研究阶段

首先，教师经过认真研究和慎重考虑，选择"比的基本性质"作为研究课题。

其次，自主学习相关的教育教学理论，研读优秀教师的教学设计及教案。

最后，明确本节课的教学目标、重点、难点、疑点，初步设计教学流程。

第二阶段：集体研究阶段

同级部、同学科的四位教师经过认真研读课程标准、教材、《教师教学用书》，一致认为比的基本性质是学生在已经掌握了商不变的性质和分数基本性质的基础上来学习的，六年级的学生已经具备一定的推理概括能力，他们完全可以根据比与分数、比与除法的关系，推导出比的基本性质。因此，他们制定的教学目标、重难点分别是：

教学目标：①在发现、验证、应用等数学学习活动中理解和掌握比的基本性质，能应用比的基本性质化简比。

②在小组合作、交流的过程中，培养学生观察、发现、概括的能力，提高与同伴合作交流的能力。

③在各种学习活动中获得成功的学习体验，感受学习数学的乐趣。

教学重点：理解和掌握比的基本性质，并能利用比的基本性质化简比。

教学难点：掌握化简比的方法。

四位教师提出的教学设想是：

①复习商不变的性质及分数的基本性质。

②使学生联系商不变的性质和分数的基本性质，进行知识类比迁移，理解比的基本性质。

③通过小组合作学习，掌握化简比的方法，并会化简比。

④巩固与提高。

确定教学设想后，请第一位教师撰写教案。教案写好后，与其他教师共同探讨，并根据他们的意见进行修改，形成一度教学设计。

第三阶段：小组评议阶段

第一位教师按照一度教学设计，在六（1）班进行授课，其余教师观摩课堂教学。观课结束后，四位教师一起议课、评课，指出一度教学设计中存在的问题和不足，并提出针对性的对策建议。

第二位教师根据研讨意见，对一度教学设计进行修改，形成二度设计，并在六（2）班进行授课。观课结束后，四位教师一起议课、评课，指出二度教学设计中的不足之处，提出改进措施。

第三位教师根据研讨意见，对二度教学设计进行修改，形成三度教学设计，然后在六（3）班进行授课。观课结束后，四位教师一起议课、评课，指出三度教学设计中需要改进的地方。第四位教师根据大家的研讨意见，形成四度教学设计。其具体内容是：

一、复习

1.填空题：$6 : 8 = (\quad) \div 8 = 12 \div (\quad) = \dfrac{6}{(\quad)} = \dfrac{(\quad)}{16} = \dfrac{3}{(\quad)}$

请学生说出解题思路。

2. 小结，引出课题。

二、发现

1. 利用比和除法的关系来研究比中的规律。

2. 利用比和分数的关系来研究比中的规律。

3. 找关键词。

4. 让学生观察黑板上的等式，归纳出比的基本性质。

三、应用

1. 通过观察、类比，使学生理解和掌握比的基本性质。

2. 独立化简整数比—小结形成方法—整合练习。

3. 同位合作化简分数比—小结形成方法—整合练习。

4. 四人小组合作化简小数比—小结形成方法—整合练习。

四、巩固与提高

第四阶段：科组评议阶段

第四位教师按照四度教学设计，在六（4）班进行授课，全校数学教师参与观课。观课结束后，数学科组长主持观课评议会。会议流程如下：

（1）四位执教者总结教学设计中的得与失。

（2）低年级组、中年级组和高年级组分组讨论四度教学设计中存在的问题和不足，并提出针对性的对策建议。

（3）科组长整合各组建议，并对本次教研活动进行总结。

第五阶段：反思整理阶段

经过四轮的授课以及三轮的听课、议课、评课，四位教师都明晰了本节课的教学目标、重难点，教学设计日趋完善，教学效果也越来越好。

为总结经验，并将科研成果转化为教学理论，四位教师从不同的角度，对本次教研活动进行了总结与反思。最后，不仅将研究成果发表在校园网上，与全体教师分享，还进一步将研究成果渗透到教育教学活动之中。

（二）异校同专题教研模式

1. 选择合作对象，制订教研方案

通常选择教学水平高、科研能力强的学校作为合作对象，双方共同策划、实施"一提高、两主动、两研究、三定期"的教师成长方案。

一提高：提高教师的教学水平和科研水平。

两主动：主动学习教育教学理论，主动参与听课、议课、评课。

两研究：研究如何上好常态课，研究如何实现教学理念向教学行为的高效转接。

三定期：定期组织教师学习教育教学理论，定期举行对外公开教学研讨活动，定期撰写教案及论文。

2. 共定专题，同步学习

本次教研活动以课例为载体，以"空间与图形"为教研主题。之所以选择这一主题，主要是基于两方面的考量：①"空间与图形"对于丰富学生对现实空间及图形的认识，发展形象思维，培养空间观念和创新意识，都具有积极的意义。②数学课程标准对传统的几何内容进行了较大幅度的改革，设置了"空间与图形"的内容。这部分内容是一个难点，不易被学生掌握。

确定教研主题后，参与教研的教师们进行同步学习。首先，明确课程标准对第一学段和第二学段"空间与图形"的教学要求。其次，认真学习"空间与图形"课标要求解读。最后，系统梳理小学数学"空间与图形"第一学段、第二学段教材的知识内容，构建"空间与图形"知识体系。

3. 共同备课，商定程序

双方教研组长经过商定后，选择以三年级下册"面积和面积单位"、四年级下册"三角形的特性"作为教学内容。首先，参与教研的教师们共同备课，研讨教案。其次，双方教师在各自的学校进行授课、听课、议课、评课。最后，双方教研组长商定教研程序：选定授课的班级，布置教学场地→授课教师与学生见面，熟悉场地→讲授"面积和面积单位""三角形的特性"的教学内容→参与教研的教师观摩教学过程→组织参与教研的教师议课、评课→举行专题讲座→总结与反思。

4. 交流研讨，共同成长

这次教研活动的基本流程是：

①了解式见面。授课教师与学生见面，了解学生对已有知识的掌握情况以及对新知识的预习情况。

②集中式观课。双方教师观摩教学过程，边听、边思考，边听、边反思。

③互动式议课。授课教师阐述教学思路、教学过程以及教学心得；双方教师进行互动式议课、评课，指出教学中的优点与不足。

④研讨式讲座。从教学目标定位、教学内容设计、课堂教学组织三方面，对这次教研活动进行总结与反思，并将总结的经验应用到今后的教学实践之中。

5.思想碰撞，延续专题

教研活动结束后，双方教研组长可通过讲座研讨、观摩课研讨等形式，为双方教师搭建相互交流、相互学习、相互借鉴、共同提升的平台，积极打造"资源共享、优势互补、互相促进、共同提高"的校际教研协作体系。

（三）校本分类指导教研模式

一般来讲，教师的专业成长要经历四个阶段。① 0—3 年是职业适应期（成长关键期），教师要熟悉教学环境与学生，苦练教学基本功。② 4—15 年是职业成长期，教师要正确认识自己，寻找发展的突破口；坚持学习，厚积薄发；突出长处，精益求精。③ 16—25 年是职业成熟期，教师要增强对教育发展的前瞻性和预见性；尽快将实践的智慧上升为理性的智慧；经常实施自我反思与目标监控，不断提升自我，进行自我激励。④ 25 年以后是职业超越期，教师要不断利用外部条件和资源，进行优势积累；不断超越自我，成就他人。

为促进教师的专业成长和素质提升，我校搭建了三个"教师错位发展平台"。一是"种子"培养计划。对骨干教师实施"一提高、两主动、两研究、三定期"的培训方案，使他们成长为学校教育教学的带头人。二是"幼苗"生长计划。充分发挥优秀教师的"传、帮、带"作用，助力新教师快速成长。三是实施同伴教育。让具有相同背景、共同经验、共同语言的教师聚在一起，分享信息、观念或行为、技能。通过实施错位发展策略，每一位教师的教学能力和科研水平都获得了不同程度的成长。

三、创新之处

（一）提出了"简洁而有活力"的教学主张

全体数学教师聚焦"新学堂"，创新校本教研模式，提出了"简洁而有活力"的教学主张。所谓"简洁"，是指每节课的教学目标简明，教学内容简约，教学环节简洁，教学方法简要，板书设计简练，教学语言简约。所谓"有活力"，一方面是指教师在教学中通过创设现实且富有吸引力的问题情境，倡导主动、合作、探索的学习方式，让学生经历知识的形成过程，激发学生的学习兴趣；另一方面是指学生在课堂上思维灵活，积极发言。

（二）构建了聚焦"新学堂"的数学课堂文化

全体数学教师依据课程标准的要求，立足科情、师情、学情，从课堂管理、课堂沟通、课堂语言、学生学习需求、先知学生五个要素入手，搭建高效、有序的"新学堂"。其中，观念转变是"新学堂"的原点，学习需求是"新学堂"的起点，有效提问是"新学堂"的生长点，小组合作是"新学堂"的支点，课堂文化是"新学堂"的落脚点。

"新学堂"文化的内涵主要包括：①课堂文化：本真、有效；②教研文化：自主成长、百家争鸣、取长补短、互助共进；③备课文化：深研教材、整合问题、精心设计、预设生成；④观课文化：预备教材、细致观察、认真记录、用心感悟；⑤议课文化：以学论教、正视问题、积极对话、合作提高。"新学堂"文化体现在课堂教学行为之中、教学细节之中，体现在教师话语之中。

有文化的课堂，是教师能理解学生的需求，满足学生的期盼，针对学生的差异进行有效教学。有文化的课堂，不是教材里有什么就教什么，而是学生需要什么就教什么；不是根据教材的结构来选择教学的结构，而是根据学生学习的心理结构和行为规则来决定教学的结构和规则。有文化的课堂，课堂学习讲求效率，教学目标达成度高，学生的参与度高，学习情绪积极高涨。有文化的课堂，是师生关系和谐的课堂，不是简单的知识学习过程，而是激情与智慧综合生成的过程，是师生共同成长的生命历程。

（三）拓展了数学教学的"新时空"

"新学堂"认为，数学课堂应向儿童生活经验回归，与其他学科互融互通，在教学观念和教学方法上求变、求新、求活，进一步拓展了数学教学的"新时空"，拓展了学生数学学习的场域。

第三节　小学数学教师教学智慧生成路径研究

一、现状分析

国内外学者从不同的角度，对数学教师教学智慧生成路径进行了深入研究，形成了一些有价值的学术成果。相关研究大致可分为两类：一类是智慧生成的过程，另一类是智慧生成的关键因素。如田慧生先生曾撰文对智慧生成的定向（教育理念与专业精神）、智慧生成的根基（专业知识与非专业知识）、智慧生成的催化剂（反思日常生活）等进行了详细的阐述。

本研究旨在依据课程改革的要求，全面深入阐述小学数学教师教学智慧的内涵、特点、生成路径。

二、研究背景及目标

教师作为课程实施的主体，是课程改革的核心要素。小学数学教师教学智慧生成既是一个持续不断的过程，也是一个发展的概念；既是一种状态，又是一个不断深化的过程。小学数学教师教学智慧生成离不开专业人员的引领，离不开同伴的互助，更离不开学校的政策支持。因此，学校应依据课程改革的要求，通过多种途径激励、唤醒和鼓舞教师的工作热情，促使他们不断地生成教学智慧。小学数学教师面对的授课对象是 6 岁至 12 岁的小学生，其教学智慧具体表现为调动学生学习的积极性，培养学生的数学思维能力，让学生掌握有效的学习方法，养成良好的学习习惯。

本研究的目标包括：提高校本教研的有效性，培养中青年骨干教师，促进新教师快速成长，打造一支智慧型教师队伍。

三、研究方法和措施

（一）研究方法

（1）调查分析法。通过座谈、调查问卷等形式，了解本校数学教师教学智慧生成的现状。

（2）文献法。阅读教学智慧生成方面的文献，了解国内外关于教师教学智慧生成的研究成果。

（3）行动研究法。鼓励全校数学教师以校本研究为载体，以培训为依托，立足课堂教学实践，探究教学智慧生成的路径。

（4）经验借鉴法。借鉴教学智慧生成研究方面的好经验、好做法、好路径、好模式。

（二）内涵与特点

1."教学智慧"的内涵

"智慧"是对事物认识、辨析、判断处理和发明创造的能力。"教学智慧"是指教师将某一具体数学知识转化为学生可能接受的知识形态，进而在学生的学习过程中进行恰当调适，使学生易于接受的能力。

2."生成"的内涵

"生成"是指教师将教材中的知识转化为学生的个体知识。第一次转化是教师将"教材形态的学科知识"转化为"预设形态的学科知识"；第二次转化是"预设形态的学科知识"遇到学生的学习活动时，教师所进行的调适变化。

3."路径"的内涵

"路径"是指不同的教师通过不同的路径生成教学智慧，同一位教师在不同的时期或阶段采用不同的路径生成教学智慧。

（三）理论依据

发展心理学认为，教学活动虽可预设，但并不是绝对由预设来决定的，教学活动还有生成的一面。这就要求数学教师在备课阶段进行科学预设，并在教学过程中根据课堂实际情况，对教学思路作出适当的修改与调整。

建构主义学习理论以为，学习过程不是学习者被动地接受知识，而是积极地建构知识的过程。这就要求数学教师在充分了解学生、教材的基础上，选择恰当的教学方式，将教材中的知识转化为学生的个体知识。

新课程标准指出，数学教学既是一种数学知识的传授活动，也是学生数学思维的训练活动。这就要求数学教师立足于学生的实际情况，根据学生认知差异的特点因材施教，培养学生的数学思维能力。

因此，课堂教学目标正确，巧妙的教学设计，灵活机智的课堂调适，让学生积极参与教和学的整体活动，建构良好的知识结构。

（四）研究思路

（1）调查本校数学教师智慧生成的现状、面临的问题。

（2）以课例为载体进行研究，并提出解决问题的路径和方法。

（3）有计划分步骤实施教学智慧生成的策略，边实施、边反思、边调整。

（4）总结研究成果，并将研究成果推广到其他学校。

（5）根据其他学校的反馈意见，优化本校教师教学智慧生成的路径。

（五）小学数学教师教学智慧生成的路径

1. 路径之一：分析

（1）校情分析

教师教学智慧生成的首要条件，就是正确分析自己所在学校的历史及现状。下面，是李诗婷老师对东城中心小学所做的 SWOT 分析。

S（superiority，优势）：我们东城中心小学在悠久的办学历程中沉淀着"朴实求真"的学校文化。校领导年轻有为，敢于创新，管理理念新，重视教师的教学智慧生成。教师团结友爱，教研氛围浓，有名校长工作室。自主性强。

W（weakness，弱势）：学校教研工作中仍存在着轻实质重形式、浮而不实的高耗低效现象。

O（opportunity，机遇）：在东城街道的大力支持下，在省级名校长工作室的科学引领下，学校的各项工作都在平稳、高效、有序中进行。

T（threat，挑战）：扎实推进"两基"建设，走内涵发展之路。

（2）生情分析

了解学生既是有效教学的切入点，也是教师教学智慧生成的必要条件。教师在日常教学活动中，应仔细观察学生的一言一行，关注学生的学习需求和心理需求，了解学生的个性特征、学习状况、学习能力。

（3）自我分析

教师可通过四个步骤，对自我进行全面分析，从而找准自己的最近发展区。

第一步：采用"SWOT分析法"，对自我进行详细的分析。其中，"S"指自身的优势或强势，"W"指自身的劣势或弱势，"O"指面对的机会或机遇，"T"（threat）指面临的挑战或威胁。

第二步：听取同科教师对自己课堂教学的评价。科组长组织数学科组教师参加观课议课活动，对授课教师的课堂教学进行客观、公允的评价，使授课教师明晰自己课堂教学的优势与不足、找准自己的最近发展区。

第三步：听取同级部教师对自己的批判和建议。年级主任定期召开批评与自我批评会议，每位教师先反思自己的教学，再听取同级部教师的批判和建议。

第四步：接受学校的考、查、谈。考：考核教师对学科知识的掌握程度，让教师知道自己的不足之处，不断提高自己的知识水平。查：定期检查数学教师的备课情况、课堂情况、批改作业情况、辅导差生情况等，随时公示检查结果。谈：科组长经常与教师谈心，了解教师在工作上的困难与需求，并为其答疑解惑。

通过上述四个步骤，每位教师都对自己有了清晰深刻的认识，为教学智慧生成奠定了良好的基础。

（4）科情分析

一是新课程标准对数学课堂教学的要求，各学段的教学目标和教学要求。二是学科教材的编排体系、编排特点、编写意图、呈现方式等。三是每位教师的教学能力、科研水平、个性特征、个人专业发展规划等。四是数学学科在学校的位置、受重视程度，教研氛围是否浓厚等。

（5）师资分析

一是教龄分析，按照教师的教龄，将全体教师分为从教 1—3 年的、4—15 年的、16—25 年的、25 年以上的四组。二是专业结构分析，具体包括学历情况、职称情况、继续教育情况、论文发表情况。三是个性特征分析，主要包括爱好特长、性格特征、教学特点等。四是教学智慧生成分析，主要包括教学经验、教学思维力、教学执行力、个人专业发展规划等。

2015 年 9 月至 2017 年 8 月，每位数学教师依据五方面的分析，制订了自己的教学智慧生成规划，为专业化发展确定了方向和路径。

2. 路径之二：自主

教师是学校的第一资本，是学校最丰富、最有潜力、最有生命力的教育资源。因此，拥有一支德才兼备、甘于奉献的教师队伍，是学校持续发展的原动力。那么，数学教师作为学校的管理者之一，应如何为学校发展做贡献？

（1）自主管理

我校主要通过"五个明确、四个到位、三个注重、两种意识、一个转变"，加强教师的自我管理。其中，"五个明确"是指明确岗位职责、明确工作目标、明确工作任务、明确工作流程、明确工作标准，"四个到位"是指布置到位、执行到位、指导到位、检查到位，"三个注重"是指注重问题、注重分析、注重总结，"两种意识"是指持续改进意识、适时创新意识，"一个转变"是指观念转变。

（2）科组建设

科组是助力教师成长的重要支撑，营造民主和谐的教研氛围，打造一个勤学善思、合作进取、富有创新精神的教研团队是科组长的重要职责。为达此目标，科组长应从以下三方面着力：一是明确科情（相关内容请见前文）；二是明确学科发展定位，包括教学现状、教学优势、教学不足、发展方向等；三是做好教师成长规划。总之，要将科组建设成为勤学善思、合作进取、富有创新精神的优秀团体。

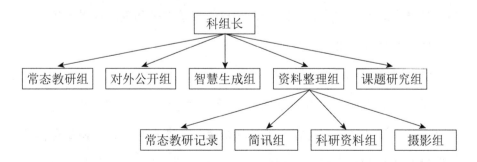

（3）形成共识

要想促进教师教学智慧生成，需形成三点共识：一、团队是教师成长的基石；二、校本教研是教师专业发展的捷径；三、课堂是教师教育智慧充分展现的场所。此外，对全体数学教师提出"三高"要求：思想上要有高境界，做人上要有高品位，工作上要有高品质。

（4）文化建设

在数学科组，营造"比、学、赶、帮"的工作氛围，建构丰富多元的文化体系。如课堂文化——本真、有效；教师文化——睿智、雅和；教研文化——自主成长、百家争鸣、取长补短、互助共进。

（5）评价导向

学校依据教师的实际教学情况、教育智慧生成现状与需求，从专业素养、教学能力、道德修养、工作态度等方面，对教师的综合素质进行全面、客观、公正的评价。并根据评价的结果，给予一定的奖励，鼓励他们做一个学习型、研究型、发展型的教师。

3. 路径之三：校本教研

校本教研是指学校、教师为解决自身遇到的突出问题，通过自己的研究或向专家、同行请教等，找到解决问题的"最佳"方法，并将其应用于教学实践活动之中，不断提高自身的教学水平和教研水平。校本教研的模式主要包括如下几种：

（1）同伴互助

同伴互助指在两个或两个以上教师间发生的、以专业发展为指向、通过多种手段开展的，旨在实现教师持续主动地自我提升、相互合作并共同进步的教学研究活动，包括"几人上一课""一课几人上"两种形式。其中，"几人上一课"是指几个人选定一节课的内容各自备课，并自己在本班内上课，同级同科教师互相听课，互相评课，最后进行分工合作，撰写案例式论文。通过对比同一个教学内容的不同教法，选出最佳的教学设计。"一课几人上"是指同科同级教师几个人确定一节课的内容，先集体备课，确定教案①，由甲老师在（1）班执教，大家共同听课、评课，修改后得到教案②，由乙老师在（2）班执教，大家共同听课、评课……最后对各种教案进行整理，写出案例式论文。这种教学设计不仅凝聚了本科组教师的集体智慧，还可当即验证其效果。

第一步：课前研讨，集体参与

同级部的数学教师集体备课，确定第一次授课的教学目标、教学重点和难点、教学过程、教学策略。

第二步：上课观课，反思不足

由三（3）班的宋老师进行第一次授课，第一学段和第二学段的数学老师参与听课。

第三步：研讨分析，改进不足

第一次授课结束后，科组长召开研讨会，请听课教师们指出这节课的不足之处和改进措施。三（1）班的袁老师根据大家的建议，修改教学方案。

第四步：再次授课，磨练好课

由三（1）班的袁老师进行第二次授课，第一学段和第二学段的数学老师参与听课。

第五步：成果展示，经验交流

经过两次课堂实践后，基本上确定了教学思路，由三（4）班的王老师向全校数学教师进行公开课展示。公开课结束后，教研组长主持召开由参与教研活动的教师及参与观课的教师参加的评课研讨会，由教研组长对本次教研活动作出总结与反思。

宋老师在同伴互助中上数学课

詹老师在同伴互助中上数学课

第六步：分工合作，整理资料

教研活动结束后，教研组长给参与教研的教师分配任务：一人整理教案，一人撰写反思，一人撰写案例式论文，一人将教研材料录入教研资源库。

教师同伴互助的过程，是一种"为教师所有""为教师所参与""为教师所分享"的过程。在这个过程中，教师们共同反思具有共性的实践与认识，共享教学智慧，共同成长。

（2）师徒结队

师徒结队是我校为了使青年教师迅速成长和充分发挥中老年教师教学经验的示范作用，所采取的一项提高教学水平和提高教学质量的重要举措。其主要形式包括听课、磨课、评课。在师徒结对活动中，师傅们以高度的责任心和使命感投入"传、帮、带"之中，手把手地教，面对面地讲，引领徒弟们深入钻研，反复推敲，使其在磨课、上课的过程中加强对课程体系、课堂教学及培养目标的理解，不断提高自己的教学水平。因此，师徒结对活动不仅有助于深化学校内涵发展，也是促进教师教学智慧生成的有效途径。

师徒结对签约仪式

2015 年 9 月至 2017 年 8 月间，我校共有 12 对师徒结队，共磨课 192 节。

（3）送课到镇街

为拉近城乡教学的距离，增浓城乡学校之间互学互帮的氛围，学校持续开展骨干教师送课到镇街活动。送课到镇街活动的基本流程是：

首先，科组长牵头，组建由骨干教师组成的送课小组。每个小组包括五位骨干教师，每个小组每个学期选取一个镇街送课。

其次，小组成员的分工是：两位教师进行课堂展示，两位教师议课、评课，一位教师负责专题讲座。

再次，听取镇街教师的批评和建议，并根据反馈信息调整教学行为。

最后，返回学校后，对送课活动作出总结与反思，并将活动简讯上传教研资源库。

送课到桥头镇第一小学

送课到韶关乐昌小学

2015 年 9 月至 2017 年 8 月，送课小组共将 13 节课、13 个讲座送至 13 个镇街。送课到镇街活动不仅促进了我校骨干教师的专业成长，也将先进的教育教学理念和教学方法传输到乡镇。

（4）校际交流

参见本篇第二节"异校同专题教研模式"的相关内容。

（5）互学互评互通

为了打通学科壁垒，推进学科交叉融合，我校于 2015 年 9 月至 2017 年 8 月间，共组织开展了 24 场"互学互评互通"课堂教学展示活动。

"互学互评互通"课堂教学展示活动分析表

教学设计	教学目标：理解教材编排意图，明确教学目标，围绕目标开展教学活动
	教学设计：精心设计教学环节，创设合理情境，提高学生的自主学习能力
	突出突破：准确把握重点，有效突破难点，凸显学科特点
教师提问	有效性：提出的问题具有针对性、层次性、启发性，具有一定的思维价值，明确具体
	时机性：在导入新课时提问，在教学重点和难点处提问，在规律探求处提问，在认知矛盾处提问
	机智性：认真倾听学生的回答，并及时给予肯定和激励
学生参与	参与状态：主动参与课堂教学活动，积极回答问题
	合作意识：培养学生的小组合作意识，提升学生的合作探究能力
	倾听习惯：培养学生的倾听能力，用倾听启发学生的创造性思维
课堂练习（活动）	练习设计：具有层次性、多样性、开放性，适合学生现有水平并兼顾到学生的"最近发展区"
	练习效果：巩固学生已学过的知识，丰富学生的知识储备，发展学生的智力
	量的控制：提高课堂练习效果，合理、有效地布置家庭作业
教学评价	师生评价：教师通过多样化、个性化的评价方式，增强学生的学习兴趣和自信心
	生生评价：让学生在互评中认识自己的优点与不足

整体而言，我校的数学教研大致可分为三个阶段。第一阶段为金字塔式：校长位于最高点，采用同伴互助式的教研模式，开展"小组合作学习"研究。第二阶段为统筹协调式：通过校本培训，让数学教师找到自己的"最近发展区"。其形式主要有：互学互评互通、异校联研、撰写教学随笔等。第三阶段为扁平式：促进教师专业发展，引领教师专业

成长。其形式主要有：师徒结对、情景答辩、教学叙事、课堂诊断、课题研究等。

陈玉霞老师在上"互学互评互通"课堂教学展示课

数学教师们在"互学互评互通"活动上认真观课

实践证明，教学智慧根植于教师自身对教学的个性化、系统化的理解，具有强烈的教学个性和独特的教学风格。因此，教师在不同的成长阶段，应根据校情、科情、生情和自己的教学情况，采用不同的智慧生成路径。

（四）路径之四：策略

学校作为教师专业成长的助推器，需要依据师情、校情、科情，制定促进教师教学智慧生成的有效策略。

1. 专题培训

学校是教师专业成长的助推器，专题培训是教师教学智慧生成的重要途径。2015年9月至2017年8月，学校共组织开展了17个专题培训，培训内容涉及新课程改革、新课程标准、教学理论、师德师风等。经过专题培训，教师的理论水平、教学水平、科研水平均得到大幅提升。

2. 教学叙事

"教学叙事"就是讲有关教学的故事，它是教育主体叙述教育教学中的真实情境的过程。其实质是通过讲述教学故事，体悟教学真谛的一种研究方法。为了进一步提升教师的写作能力和演讲水平，创设教师交流平台，分享教学经验与教育智慧，学校组织举办了数场教学叙事比赛。叙事内容包括：培训收获与感悟，学校校本研训，教师个人成长，研训活动或比赛经历，学生成长，课堂教学案例，等等。叙事要求是：有情节，有反思，有感悟，有议论。

教学故事叙述比赛的现场

吴毅婷老师参加教学故事叙述比赛

通过参加教学叙事比赛，参赛教师们的写作能力和演讲能力都得到了极大提升，并学习到许多先进的教育理念、教学方法、教学经验。比赛结束后，他们将学到的教育理念、教学方法、教学经验运用到自己的教学实践中，不断提升自己的教学智慧。

3. 情景答辩

"情景答辩"又称"案例分析"，就是通过情景案例和有关问题，来考查参赛选手的班级管理理念、专业能力和教学智慧等综合素养。其基本流程是：参赛选手抽取情景资料后，准备 10 分钟，然后根据题目提供的具体情景，进行模拟性的体验和思考，充分运用教育学与心理学原理、德育原理以及相关教育法律法规，提出解决问题的策略和方法，并要紧扣评委提出的问题，补充陈述观点。情景答辩的最大特点是情景性、即时性，是对参赛选手专业思想、专业技能和教学智慧的综合性考查。

教学情景答辩比赛的现场

莫老师、林老师获情景答辩比赛一等奖

参赛选手一方面要借助情景答辩，反思自身专业能力的缺失，思考改进的措施；另一方面要从模拟情景走向具体实践，在教学实践中不断改进自己的教学方法，提高自己的教学能力。

4.校园论坛

为了进一步提升教师的教学水平和教研水平，我校除了举办各类专题培训外，还通过校园论坛加强教研室之间、教师之间、不同学科之间的交流与合作。2015年9月至2017年8月，我校举办了7次校园论坛活动。活动流程大致如下：

①公布论坛题目。题目应贴近教师实际和学生实际，能激发教师的创新思维。

②教师独立思考。教师有5分钟的思考时间，其间可以查阅资料，

但不可交头接耳。

③抽签教师论述。以抽签的方式，选出 8 位教师阐述自己的观点。每位教师只有 3 分钟的发言时间，其表述应紧扣主题，简明扼要，条理清晰。

④补充论述。未被抽到的教师若有不同意见，可以举手发言。发言时间也是 3 分钟，其观点要与前述教师的观点有所不同。

⑤评价与奖励。科组长按照评分标准，对发言者进行评分，并根据分数给予不同的奖励。

黄老师在校园论坛上发言

刘老师在校园论坛上发言

通过参加专题培训、教学叙事、情景答辩、校园论坛等活动，教师们的自主学习意识和反思意识明显增强，教学水平和科研水平也逐渐提高，拥有更强的教学智慧。

（五）路径之五：引领

1. 让教师"做最好的我"

教师教学智慧生成的最有效路径，就是让教师自主发展、主动适应、自我超越。这就要求学校应将"主动＋自愿"作为教师智慧生成的内在需求，将"分层＋规划"作为教师智慧生成的重要路径，将"自选＋引领"作为教师智慧生成的创新形式。此外，给每位教师建立个人成长档案袋，真实记录教师专业成长的发展历程，增强教师自我反思、主动发展的意识和能力，帮助教师客观认识自己，科学设计自己，及时反思自己，有效调整自己，不断超越自己。

2. 给教师"第二次呼吸"

教师成长遇到瓶颈或者遭遇挫折与困难时，其教育能力会停顿甚至暂时下降，需尽快启动其成长中的"第二次呼吸"。一是教师进行自我诊断，并在此基础上优化知识结构，发展新的教育技能，不断寻找新的参照物和成长点。二是学校做好"护短"工作，护"教龄之短"，让青年教师快速健康成长；护"无意之短"，让富有创新精神的教师大胆尝试；护"弱势之短"，给弱势教师提供更广阔的成长空间。总之，学校要善于用高远、多维的目标，激活教师教学智慧生成的内驱力，使他们成长为有风格、有思想、有智慧的优秀教师。

3. 做青年教师的"指明灯"

教师是学校发展的主体，教师队伍的整体素质直接影响着学校办学质量的高低。因此，学校应对青年教师的课堂教学"把脉问诊"，针对存在的问题，提出整改意见和建议。需要指出的是，学校是教师成长的起点，在教师的职业生涯发展中具有不可忽视的作用，应在教育方针核心素养的引领下，结合学校发展实际和教师教学实际，明确教师专业成长的方向，通过多种方式促进教师教育智慧的生成。

4. 指导教师"做"课题

教育科研是教师教学智慧生成的关键。学校应从两方面入手，指导教师开展科研工作。

（1）让教师明确科研是什么

不少一线教师认为，教师的本职工作是教学，而科研是专家、教研员的"专利"，是"高不可攀"的。要想从根本上解决一线教师"重教学，轻科研"的问题，学校需从以下几方面着手：

①科学安排教研工作

教研和教学实践是密不可分的，教研的直接目的是改善教学实践、提高教学质量、促进师生共同发展。因此，教研处应立足教学实践中的实际困难和问题，选择教研课题，设计教研方案，制订教研计划，充分调动一线教师参与教研的积极性和主动性。

②挖掘教研素材

一线教师长期工作在教育教学第一线，积累了大量教学案例、教学反思、教学日记、教学随笔等，为教研提供了取之不尽的素材。因此，一线教师应善于从教学实践中积累和提炼教研素材。

③积极参与教研

教学和教研是教师专业化成长的两条必由之路，"教而不研则浅，研而不教则空"。因此，学校应以教学实践为基石，积极营造"以教立研，以研促教"的教研氛围。首先，让教师们通过参与教研活动，感受到成就感、荣誉感、获得感。其次，将教研成果应用于教学实践，促进教师的专业成长。

（2）让教师知道科研怎样做

有些一线教师虽然对教研有兴趣，却对怎样做科研一知半解。因此，教研处应对他们加强培训与指导，传授他们教研的步骤、方法、注意事项。

①开展专题培训

对没有接触过教研的教师进行专题培训，培训的内容包括：请科研工作成绩突出的教师以身说法，分享成功经验；请科研部门和专家讲授教研的前沿理论、现状、热点、发展趋势等；教研组长阐述科研在教师智慧生成方面的重要性，学校的科研工作制度、相关政策等。

②加强组织引领

首先，根据学校的发展方向、教研水平、教学情况等，制订科研工作计划。其次，积极动员和鼓励符合申报条件的教师申报课题，并给予充分的经费及制度保障。最后，举办科研学术专题系列讲座，邀请专家学者为一线教师传道解惑。

③科学管理

首先，将科研工作与教研工作有机结合起来，使科研工作成为教师日常工作的一部分。其次，要求每一位教师至少参与一个课题项目，形成人人参与科研、人人重视科研的局面。最后，将科研成果纳入教师评价考核体系之中，激发教师的科研热情。

截至目前，数学科组已有4项科研课题通过市级立项审批，科组教师的科研热情高涨，科研能力显著提升。

5. 专家给教师"诊课"

学校邀请专家到校，对骨干教师的常态课堂把脉诊断，学科组内其他教师参与听课。授课结束后，对专家的诊断建议进行深入研讨，并根据专家的诊断建议制定常态课堂教学改进的措施。

诊断专家在观课

诊断专家在点评课例

截至目前，全校共有 21 位教师被专家诊断过课堂教学。经过专家的诊断把脉和专业引领，我校教师的教育教学水平显著提高，涌现出了一批教坛新秀和教学能手。

三、创新之处

（一）实现了教师教学智慧生成路径的网格管理

上海著名特级教师于漪曾经说过："我做了一辈子教师，但一辈子还在学做教师。"这句话充分表明，教师唯有不断学习，才能守其"道"，稳其"位"；学生才能尊其"人"，信其"教"。除了终身学习外，教师还要在教育教学实践中不断反思，在反思中提高自己的教育教学素养，提升自己的教学智慧。

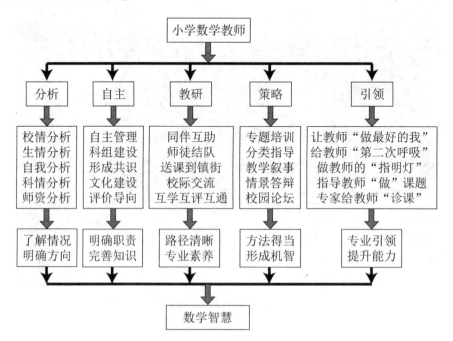

（二）创新了教师教学智慧生成路径的立体结构

教师教学智慧生成可分为人与人、人与知识、人与平台的立体交互发展。这种立体交互发展强调，问题源自教师的需求，方法和策略源自教师的实践，各要素形成自上而下与自下而上的合力，强调学科之间的内在联系性、不同学科的相互整合。教师教学智慧生成的立体化图示为：

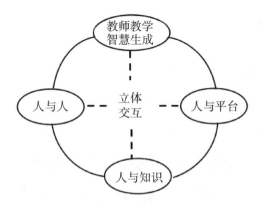

人与人：教师与专家、教研员、同行、学生、家长之间的交流。人与知识：人与学科知识、教育理论、教育实践之间的交互。人与平台：QQ 群、博客、网站、论坛、专题研讨等常规教研之间的交互。

（三）发现了教师教学智慧生成路径的阶段状态

一般而言，数学教师智慧生成在不同时期所关注的内容有所不同。

第一阶段为模仿。这一阶段以加强理论学习、借鉴实践经验为主。教师通过观看优质课视频、听课观课、撰写教学反思、参加校本教研活动等，向优秀教师"取经"。

第二阶段为生成。教师以"课例研究"为载体，发现教学中的疑难问题并提出解决问题的策略和方法，生成教学智慧。

第三阶段为更新。教师通过参与课题研究，更新教育观念，改进教学方法，不断提高自身的教育教学水平和教研能力。

在教学智慧生成的过程中，教研具有桥梁作用，策略具有关键作用，引领具有重点提升作用，个体发挥主观能动作用。

四、效果表现

（一）成果应用

1."一校一品牌"特色凸显

我校立足校情、科情、班情、师情、生情，有计划、有步骤地推动"众智学堂"研究，部署到位，措施有力，成效显著。如今，数学学科已经成为学校的一张亮丽名片。教学理念方面，每位数学教师积极践行"众智学堂"的教学理念，数学教学智慧的内涵不断丰富和深化。学科科研方面，数学科组已有四项科研课题获市级立项，数学科组形成了"人人有课题、全员共参与"的教科研氛围。经过两年多的实践，数学科组的教师们在课堂教学中形成了自己独特的教学智慧，不仅为其他学科教师的专业成长树立了榜样，还吸引了其他学校的数学老师前来观课议课。

2."一科一转变"效果显著

（1）教学观念转变了

课堂教学所面对的最大"瓶颈"，是教师教学观念和教育策略的深度转型问题。教学观念转型是一个"隐形"工程，是一个深度的渐变过程，这一渐变过程需要通过教师自身的反思以及教研活动来推动。在校本教研的推动下，数学课堂教学由教本课堂向学本课堂转型，由"教"的课堂向"学"的课堂转型，教学由灌输知识走向点燃智慧，学生由单纯被动学知识走向主动学习，师生由"对手"走向"伙伴"。

（2）教学技能提升了

所有数学教师都能立足本年级教材和本学科的特点以及学生的年龄特点，圆满地完成教学任务。常态课堂教学中，备课、上课、辅导、批改、考评五个环节，均达到了课程改革的新要求，教学水平稳步提升；严格常规管理环节，实现常规管理目标。在课例研究中，教师们通过课堂诊断、观察反思、交流探讨、实践改进等活动，加强交流学习，共同进步。

教师们都认识到，教学智慧应建构在课例研究、深刻反思、学生成长、自我超越的基础之上。只有读懂教材，读懂学生，读懂课堂，才能构建和谐有效的课堂教学。

（3）教学智慧升华了

教育就是文化的传承，教育一旦失去文化，所剩的只是知识的位移、技能的训练和应试的准备。而教学智慧作为文化传承的智慧，必须深入价值层面、思想层面、精神层面。这就要求教师具备高尚的教育情怀，坚定不移的教育信仰，构建本真、有效的课堂文化，自主成长、百家争鸣、取长补短、互助共进的教研文化。与此同时，数学教师还要积极践行"众智学堂"的教学理念，运用智慧来优化课堂教学，提高课堂教学效果。

经过两年多的教学实践，数学科组的教师们都能运用"众智学堂"的教学理念指导课堂教学，并形成了自己独特的教学智慧。他们能理解学生的需求，满足学生的期盼，促进学生进行有价值的思考，针对学生的差异进行有效教学。他们能够根据学生的心理结构和行为规则来决定教学的结构和规则，故教学目标达成度高，学生参与度高，师生共同成长。

（4）教学反思深刻了

校本教研的大致流程是：深入学科（教师）调查→发现教学中的问题→探索原因→提出解决问题的对策→点面试验→反思形成制度。截至目前，我校已经形成了集体备课制度、课例征集制度、同伴互助制度、教前研讨制度、三反思制度等。其中，"教前研讨制度"的主要内容可概括为"三说、四围绕、四个点"。"三说"是指说教什么，怎么教，为什么这样教；"四围绕"是指围绕新课程的要求设计教学方案，围绕课程标准确立与实施教学目标，围绕教学内容选择教学方法，围绕生活中的实际问题进行知识技能的迁移拓展。"四个点"是指把着重点放在催生学生的思维火花上，把着眼点放在三维目标的落实上，把切入点放在不断改进教学方法上，把生长点放在打造高效课堂上。"三反思制度"是指教前反思，怎样结合教材特点和学生实际确定教法，学生怎么学，有哪些新生成的问题，如何把课上好上活；教中反思，学生是否深度思考问题，教学环节是否扎实有效；教后反思，是否满足了学生的认知需要，新课程的三维目标是否得到落实与整合，还有哪些问题有待解决等。"三反思制度"促使每个教师将教学反思内化为个人的自觉行为，并在教学反思中促进教学智慧的生成。

3."一人一风格"成果明显

虽然数学科组教师教学智慧生成的路径基本相同，但每位教师生成的教学智慧是不一样的，形成了"一人一风格"的局面。如李淦钦老师根据课程标准要求和教材编排意图，精心设计教学环节，科学选择教学方法。曾华青老师利用小组合作学习的方式，调动学生学习的主观能动性，使学生真正成为教学的主体、学习的主人。马跃民老师通过风趣、幽默的教学语言，使学生保持积极的学习状态、浓厚的学习兴趣。

（二）推广效果

1. 学科成果辐射省内外

经过两年多的实践，东城中心小学数学教师的教学智慧得到了东莞市同行和周边地市同行的认可。其一，东城街道其他学校的数学老师经常来我校观摩课堂教学，学习"众智学堂"的教学理念、教学方法和教学策略。其二，东莞市小学数学教学研究会曾专门召开推介会，全面介绍"众智学堂"的内涵和外延，将"众智学堂"的教研成果在全市推广。其三，利用省级名校长工作室这一平台，"众智学堂"的教研成果被推广到周边地市，得到了同行广泛的赞赏。据统计，近两年来，共有2100多位同行来我校观课、议课、研讨。

2. 学科教学推动区域教研

"众智学堂"的推进，不仅促进了全校教师的专业成长和学校科研水平的提升，还推动了区域教研的发展。区域教研同样以"众智学堂"的教学理念、教学方法和教学策略，数学教师教学智慧生成路径的网络化、立体化和阶段化为主要模式。近两年来，我校共组织举办了6场区域教研活动，参加人数达2250人次之多。

我校坚持立足校情、科情、班情、师情、生情，不断丰富和深化

"众智学堂"的内涵和外延，在教师们基于个人实际定目标、基于课改理念寻依据、基于教学问题找良策的基础上，大力推进教学智慧生成研究。在"众智学堂"教学理念的指导下，全体教师以专业成长为主线，以课例为载体，以教学反思为前提，以同伴互助为基础，不断提升自身的教学水平和科研水平。在小学数学教学智慧生成研究的带动下，不仅教师们形成了自己独特的教学风格，教学水平持续提升，学校也形成了自己的学科品牌，实现了内涵跨越式发展。

第四节 小学数学"图形与几何"教学策略的实践研究

一、研究背景、现状、意义

（一）研究背景

《义务教育数学课程标准（2022年版）》明确指出："图形与几何"是义务教育阶段学生数学学习的重要领域，在小学阶段包括"图形的认识与测量""图形的位置与运动"两个主题。学段之间的内容相互关联，螺旋上升，逐段递进。"图形的认识与测量"包括立体图形和平面图形的认识，线段长度的测量，以及图形的周长、面积和体积的计算。"图形的位置与运动"包括确定点的位置，认识图形的平移、旋转、轴对称；学生结合实际情境判断物体的位置，探索用数对表示平面上点的位置，增强空间观念和应用意识；学生经历对现实生活中图形运动的抽象过程，认识平移、旋转、轴对称的特征，体会运动前后图形的变与不变，感受数学美，逐步形成空间观念和几何直观。

基于课程标准的教学要求，我们开展了"图形与几何"的课堂实践研究。

（二）研究现状

20世纪80年代以来，我国小学数学课堂教学改革不断深化，几何教学方法不断改进，但是几何内容的过分抽象化和形式化，再加上缺少与现实生活的紧密联系，使"几何"直观的优势没有得到充分的发挥；而过分强调演绎推理和形式化，使不少学生怕学、厌学，从而丧失学习的兴趣和信心。为了培养学生学习几何的兴趣，我们开展了"图形与几何"的课堂实践研究。

（三）研究意义

"图形与几何"的课堂实践研究突出了"图形与几何"知识的现实背景，将课程内容与学生的生活经验有机融合，与数学课程中的各个分支进行整合，从而拓展"空间与图形"学习的背景，发展学生的空间观念和推理能力；通过对基本图形的基本性质必要的证明，使学生体会证明的必要性，理解证明的基本过程；初步感受公理化的思想；注重使学生经历观察、操作、推理、想象等过程，倡导自主探索、合作交流与实践创新的学习方式，从而真正实现"空间与图形"的教育价值。

二、解决问题的主要方法和措施

（一）主要方法

①调查分析法。采用问卷调查、访谈调查、查阅相关资料等方法，对小学数学"图形与几何"的课堂教学进行调查分析。

②课例研究法。通过课例研究，明晰教师如何去教，学生如何去学。

③文献法。广泛查阅文献资料，为研究寻找理论基础。

④经验总结法。在实践研究的过程中，总结教学策略，优化课堂教学设计。

（二）研究措施

1. 图形与几何的理解

"图形的认识"主要是对图形的抽象。学生经历从实际物体抽象出几何图形的过程，认识图形的特征，感悟点、线、面、体的关系；积累观察和思考的经验，逐步形成空间观念。

图形的测量重点是确定图形的大小。学生经历统一度量单位的过程，感受统一度量单位的意义，基于度量单位理解图形长度、角度、周长、面积、体积。

学生结合实际情境判断物体的位置，探索用数对表示平面上点的位置；学生经历对现实生活中图形运动的抽象过程，认识平移、旋转、轴对称的特征，体会运动前后图形的变与不变，逐步形成空间观念和几何直观。

2. 加强组织领导

为有效推进课题研究，我们成立了"图形与几何"教学策略研究小组，其组织机构包括：

（1）组织小组

组长：蔡柱权

组员：曾华青、徐婉婷

职责：组织课题小组所有人员按照三个步骤、六个环节模式，有序推进课题研究。

（2）骨干小组

组长：徐婉婷

组员：陈云开、梁慧敏、朱志滔、李诗婷

职责：根据不同学段"图形与几何"的教学内容，设计和实施公开课展示活动，总结经验，优化策略。

（3）理论小组

组长：曾华青

组员：袁小艳、李淦钦、黄妹仔、袁月娇

职责：为骨干小组的研究和教学展示提供理论支撑及智力支持。

（4）保障小组

组长：袁小艳

组员：冯观霞、陈旭欢

职责：做好课题研究的服务工作。

3. 组织教研活动

在校内，开展师徒结对磨课活动，通过新教师课例展示、师傅点评、互动教研等方式，提升新教师教育教学水平。在校外，开展联合教研活动，通过与不同学校就同一个专题进行研讨，实现校际资源共享、优势互补。此外，学校还举办了内容丰富、形式多样的专题培训，促进数学教师专业成长，推进学校数学学科建设。

4. 创新工作方法

按照"先行先试、重点突破、分步实施、整体推进"的工作思路，扎实推进教研工作。例如，"图形的认识教学"要选用学生身边熟悉的素材，鼓励学生动手操作，感知立体图形和平面图形的特点以及两类图形的关联，引导学生经历图形的抽象过程，积累观察物体的经验，初步形成空间观念。

在研究的过程中，采用"基本式＋变式"的推进策略。"图形与几何"教学策略研究小组围绕课堂教学主题设置课堂教学的"基本式"，教师则结合学段、学科、课型及个人教学风格等加入"变式"。

5. 完善评价制度

依据《东莞市推进"品质课堂"行动计划（2021—2025 年）》（征求意见稿）的相关规定，结合图形与几何的教学实际，设计"图形与几何的课堂教学评价量表"，制定教师课堂教学考核评价制度，以评促学，以学定教。

（三）调查研究

在课题研究初级阶段，课题组设计了六张调查问卷，分别从创设教学情境、课堂组织形式、动手操作探究、小组分工合作、渗透数学思想、多元评价方式六方面，对"图形与几何"的教学情况进行全面调查。

表 1　创设教学情境

题目（学生）	选项	人数	百分比
在图形类的课堂教学中，您最喜欢哪种新课导入方式？	开门见山，直接讲授新课	12	24%
	创设生活情境，导入新课	35	70%
	其他	3	6%

题目（老师）	选项	人数	百分比
创设教学情境时，最需要关注什么？	情境要具体，贴近学生的生活	9	36%
	情境要有趣，调动学生的学习兴趣	7	28%
	创设问题情境，激发学生的探究欲	6	24%
	跟例题有关即可	3	12%

由表 1 可知，在"图形与几何"的常态课教学中，生活情境和问题情境是导入新课的两种有效途径。教师们都能通过创设生活化的教学情境，来调动学生学习的积极性和探究欲。

表 2　课堂组织形式

题目（学生）	选项	人数	百分比
在图形类的课堂教学中，您最喜欢哪种学习方式？	独立思考	12	24%
	小组合作学习	15	30%
	同桌互学	10	20%
	师生共同探究	13	26%

题目（老师）	总是	经常	很少	不会
您在课堂上，总能灵活运用多种组织方式进行教学吗？	3	7	15	0
	12%	28%	60%	0

由表 2 可知，在"图形与几何"的常态课教学中，只有 12% 的教师能够灵活运用多种组织方式进行课堂教学，学生的学习潜能无法得到有效的开发。

表 3 动手操作探究

题目（学生）	总是	经常	很少	不会
在图形类的课堂教学中，您有参与动手操作实验的机会吗？	5	11	34	0
	10%	22%	68%	0

题目（老师）	选项	人数	百分比
在图形类的课堂教学中，您常用哪些教学手段？	多媒体课件演示	6	24%
	实物教具演示	8	32%
	让全体学生动手操作学具	5	20%
	直接讲授课本内容	6	24%

由表 3 可知，在"图形与几何"的常态课教学中，受课堂时间的限制，大部分学生都没有亲自动手操作实验的机会。

表 4 小组分工合作

题目（学生）	总是	经常	很少	没有
在小组合作学习时，教师有明确的分工吗？	3	8	39	0
	6%	16%	78%	0

题目（老师）	总是	经常	很少	没有
在小组合作学习时，您有明确的分工和要求吗？	5	6	14	0
	20%	24%	56%	0

由表 4 可知，在"图形与几何"的常态课教学中，老师很少对小组成员进行分工，对于小组合作学习的要求也不够具体明确。

表5　渗透数学思想

题目（学生）	不知道	知道并列举	知道却没有列举
在图形类的课堂教学中，您知道哪些数学思想方法？请在知道的数学方法上打"√"	36	5	9
	72%	10%	18%

题目（老师）	总是	经常	很少	没有
在图形类的课堂教学中，您能够渗透数学思想方法吗？	2	8	15	0
	8%	32%	60%	0

由表 5 可知，在"图形与几何"的常态课教学中，教师并没有将渗透数学思想方法放在突出位置，由此导致大部分学生并没有掌握数学思想方法。

表6　多元评价方式

题目（学生）	选项	人数	百分比
在图形类的课堂教学中，您最喜欢哪种评价方式？	自我评价	9	18%
	同学的评价	20	40%
	老师的评价	18	36%
	其他	3	6%

题目（老师）	总是	经常	很少	没有
在图形类的课堂教学中，您会运用多种评价方式对学生进行整体评价吗？	4	9	12	0
	16%	36%	48%	0

由表 6 可知，在"图形与几何"的常态课教学中，数学教师评价学生的方式较为单一。

通过上述六张调查问卷可知，"图形与几何"的常态课教学中存在的问题有：

（1）教师没有从学生的生活经验和已有知识出发，来创设教学情境。

（2）学生没有完整经历知识的产生过程。

（3）小组合作学习流于形式化。

（4）教师对培养学生的数学思想方法不够重视。

（5）教师评价学生的方式较为单一。

（四）小学数学"图形与几何"教学策略形成

本研究以课例研究为载体，来推进小学数学"图形与几何"教学策略的形成。

1. 经过调查分析，形成小学数学"图形与几何"教学策略 1.0 版

课题组依据问卷调查反映出的问题，参考学界的相关研究成果，制定了小学数学"图形与几何"教学策略 1.0 版，并用它来指导"图形与几何"的常态课教学。

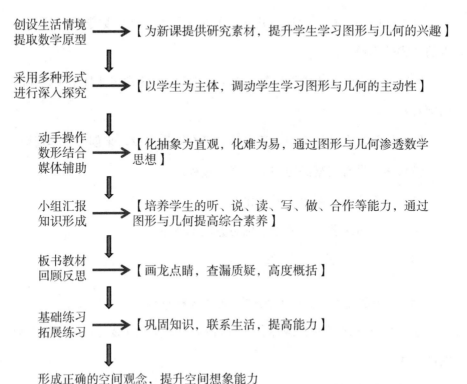

创设生活情境
提取数学原型 ——→ 【为新课提供研究素材，提升学生学习图形与几何的兴趣】

采用多种形式
进行深入探究 ——→ 【以学生为主体，调动学生学习图形与几何的主动性】

动手操作
数形结合 ——→ 【化抽象为直观，化难为易，通过图形与几何渗透数学
媒体辅助 思想】

小组汇报
知识形成 ——→ 【培养学生的听、说、读、写、做、合作等能力，通过
图形与几何提高综合素养】

板书教材
回顾反思 ——→ 【画龙点睛，查漏质疑，高度概括】

基础练习
拓展练习 ——→ 【巩固知识，联系生活，提高能力】

形成正确的空间观念，提升空间想象能力

小学数学"图形与几何"教学策略 1.0 版

为了在常态课教学中构建兼具可操作性、综合性、实用性的"图形与几何"教学策略，本课题组立足课堂教学实践，开展了一系列的教研活动。

曾翠翠老师讲授"认识平行四边形"

梁慧敏老师讲授"圆锥的体积"

刘慧燕老师讲授"角的度量"

莫家敏老师讲授"位置与方向"

苏晓敏老师讲授"角的初步认识"

朱志滔老师讲授"圆的认识"

2. 深入研讨，形成常态的小学数学"图形与几何"教学策略 2.0 版

通过多次"磨课→观课→议课"教研，本课题组发现教学策略 1.0
版由于缺少明确的要求和具体做法，操作性并不强，不具有推广价值。

因此，本课题组对其进行了调整，制定了教学策略 2.0 版。

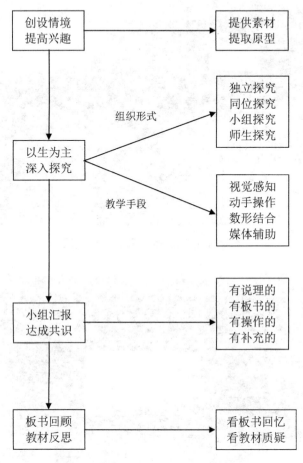

小学数学"图形与几何"教学策略 2.0 版

与教学策略 1.0 版相比，教学策略 2.0 版减少了理论阐述，增加了许多具体措施；将教学重心放在学生自主探究的环节上，并通过多种方式，让学生直观感受几何图形的特征，发展学生的空间观念。

课题组认为，课题研究不能局限在本校范围内，而要"走出去，请进来"。课题组成员通过与其他学校的教师研究同一个课题，学习他们的先进经验，提升自己的教研水平。此外，还邀请专家到校，对骨干教师的课堂教学"把脉问诊"，做教学方面的专题讲座，提升学校的整体教学质量。

刘美珍老师讲授"三角形的分类"

张华梦老师讲授"垂直与平行"

殷淑敏老师讲授"平行四边形的面积"

曾华青老师讲授"三角形的认识"

专家引领指导

3. 指导提升，形成有效的小学数学"图形与几何"教学策略

本课题组利用"众智学堂"对外公开课的契机，邀请专家对小学数学"图形与几何"教学策略 2.0 版提出批评与建议。结合专家的意见及课例研究的反馈，我们对教学策略 2.0 版进行了补充和修正，形成了小学数学"图形与几何"教学策略 3.0 版，并在课例研究中验证、修正。

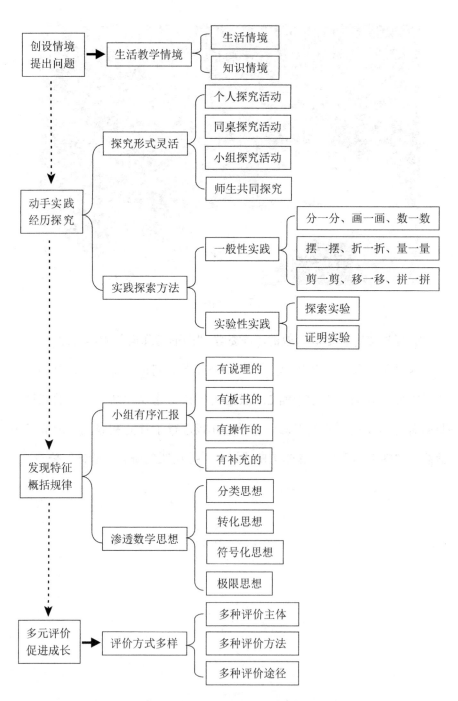

小学数学"图形与几何"教学策略 3.0 版

　　与教学策略 2.0 版相比，教学策略 3.0 版进一步细分了教学情境的类型，提出了创设教学情境的方法；根据不同的课型，将"实践探索方法"分为一般性实践和实验性实践两种；新增了"渗透数学思想"一节，将渗透数学思想方法提到一定的高度；将"板书回顾　教材反思"修改为"多元评价　促进成长"。

三、创新表现

　　本课题组根据新课程标准的要求，从课堂结构、教研方式、评价方法三方面，对小学数学"图形与几何"教学策略进行了创新。

（一）课堂结构体系研究创新

　　本课题组以《义务教育课程方案和课程标准（2022 年版）》为蓝本，以科学实用的教学策略为引领，以高效课堂教学模式为目标，建立了立体的课堂结构。

（二）教研方式多元主体创新

本课题以精心打磨的"图形与几何"专题课例作为研究的载体，采用的研究方式可谓多种多样，包括专题讲座、同课异构、对外公开课、异校联研、省级名校长工作室等。

（三）评价方法多级指标创新

为了培养和提高学生的动手能力，课题组采用感知能力和解决问题能力两级指标，对学生进行有效评价。

Ⅰ级指标	Ⅱ级指标	测评项目	测评方法
图形与几何的感知能力	观察图形能力	●会根据实物的特征抽象出几何图形，会根据几何图形猜出实物 ●会用不同方法描述图形的运动和变化 ●能够想象出物体间的位置与方向的关系	纸笔检测
	想象图形能力	●会描述简单的路线图，会描述实物或几何图形的运动和变化 ●会进行几何立体图、三视图、展开图之间的转化 ●能依据语言的描述画出图形	
图形与几何的解决问题能力	动手操作能力	●会探究图形的大小、形状、位置关系，了解平面图形和立体图形的基本特征 ●会正确对图形进行测量、会识图、会画图 ●能按要求画出相应的图形变化情况，经历简单图形的运动过程	课堂观察 问卷调查
	图形分析能力	●会运用合适的方式描述物体间的位置关系 ●会运用图形描述和分析实际问题，会用转化思想进行思考 ●能借助几何直观，把复杂的数学问题变简单，探索解决几何图形问题的思路，预测结果	

四、效果表现

（一）课题研究达成的目标

1.建立了有效的"图形与几何"课堂教学策略

本研究认为，在"图形与几何"的课堂教学中，只有不断转变组织形式、学习方式、教学结构、评价方式，才能激发学生的学习兴趣，培养和发展学生的空间观念。有鉴于此，本研究主张通过转变课堂组织形式，"转动"学生兴趣点；通过转变课堂学习方式，"转动"学生知识点；通过转变课堂教学结构，"转动"学生思维点；通过转变课堂评价方式，"转动"学生兴奋点。

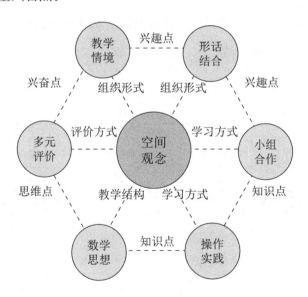

空间观念发展趋势图┃

2. 建立了实用的"图形与几何"的课堂教学策略

本研究认为，对"发展学生空间观念的教学策略"进行研究是十分有必要的。传统的几何教学着眼于让学生认识一些图形和进行有关的计算，无法发展学生的空间观念。有鉴于此，我们在进行几何教学时，不仅要着眼于让学生认识一些图形和进行有关的计算，还应致力于如何采用合理的、有实效的教学方法，培养学生的空间观念。

课堂实践和研究表明，在"图形与几何"的课堂教学中，联系学生已有的生活经验，可以构建学生的空间思维；通过小组合作学习，进行动手操作，可以让学生经历知识的形成过程；有效运用多媒体信息技术，进行直观演示教学，可以强化学生的空间思维；通过一题多解，引导学生将生活问题转化成数学问题，并运用数学思维方法去解决问题，可以有效提升学生的空间思维。

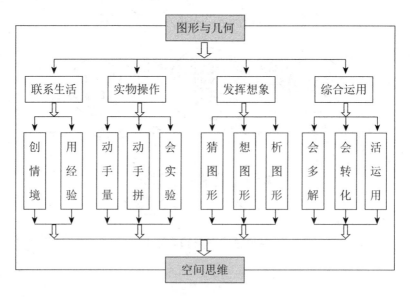

空间观念发展趋势图 II

3. 建立了拓展的"图形与几何"的课堂教学平台

"做中学，学中做"是学习几何知识的重要方法，若能以丰富多彩的课外活动作为课堂教学的补充，定能加深学生对几何知识的理解。为此，本课题组根据学校和科组的实际情况，以"一节、二课堂、三科技"为平台，在每学年一次的"数学节"上，设置了"数学图形手抄报大比拼"环节；在"童心乐园"活动中，设置了"七巧板二课堂"；在科技兴趣小组，组织了"3D 打印几何图形""搭积木"等课外拓展活动。这些课外拓展实践活动，促进了学生空间观念的全面发展。

（1）"手抄报"空间平台

学生根据"多边形的面积"单元所学的知识点，充分发挥想象力，设计了一幅"数形结合"的数学手抄报。

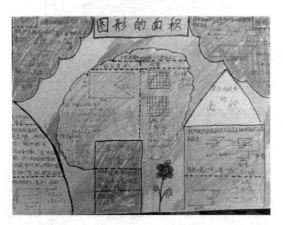

学生通过模仿与想象，用七巧板拼成各种各样的几何图形、图案和场景。

（2）"3D 打印"空间平台

"3D 打印技术"有利于培养学生的空间感，强化学生对图形图像等知识的理解，使学生能够更加高效地学习几何知识。

（3）"立体模"空间平台

参赛者们用积木零件、各类生活用品搭建不同的关卡，并巧妙地将智能机器人自动化设计加入其中。该活动考查的是参赛者们对空间观念的综合运用。

鉴于课外拓展活动是发展学生空间观念的重要途径，课题组利用学校的"童心乐园"，开展了"七巧板"第二课堂活动。在常态教学中，课题组还开展了"'图形与几何'手抄报"专题展示和评比活动、"3D打印"和"立体模"科技竞赛活动等。

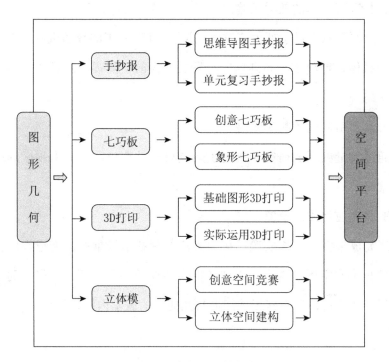

空间观念发展趋势图Ⅲ

五、课题研究主要成果

（一）课题研究"三具有"价值表现

1.具有可操作的教学策略

本课题研究立足于师生"教学相长"、互动修正的教学机制，以课例研究为载体，提出了一系列培养与发展学生的空间观念的具体可操作的教学策略。

2.具有引领性的教学策略

通过大量的课例研究，制定了兼具科学性、指向性、引领性的课堂教学策略。

3.具有应用推广价值

研究成果经过年级实验、科组推广、帮扶学校推广、街道推广、省级名校长工作室展示推广，得到了社会各界的一致好评，不仅有助于促进教师专业成长，还丰富了"图形与几何"的教学内涵。

（二）课题研究"三图示"价值表现

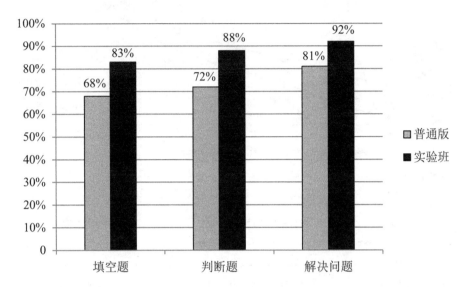

六年级下册"圆锥的体积"实验班课后教学质量检测对比图

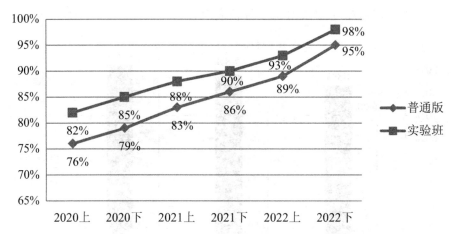

2020—2022 六年级实验班期末试卷"操作题"得分率对比图

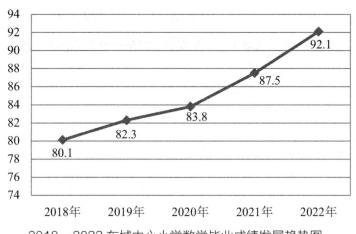

2018—2022 东城中心小学数学毕业成绩发展趋势图

（三）课题研究"三整理"价值表现

1. 整理完成《图形与几何优秀教案集》，总结教师们磨课的收获和反思。

2. 整理完成《教学论文随笔集》，教师们结合自己的教学实践，记录自己在教学过程中的感悟与心得。

3. 总结整理了小学数学"图形与几何"的知识点。

结语 众智学堂「争章」「六好习惯」养成

为落实"双减"政策，让学生回归课堂中心，让教育回归学校的主场，数学科组提出"减负的源头在课堂"的主张。数学科组认为，只有提高课堂教学质量，提高学生的课堂学习效率，才能从源头上实现"双减"。数学科组以课堂"争章"为手段，以培养学生的良好学习习惯为抓手，实现减负增效。

一、构建"六好习惯"培育细则

数学科组立足校情、师情、生情，聚焦课堂教学质量提升，以课堂"争章"为手段，以培养学生"认真阅读、耐心倾听、独立思考、交流合作、大胆发言、规范作业"六好学习习惯为抓手，来提高课堂教学质量、提高作业管理水平、提高课后服务质量。围绕学生六大学习习惯的培养，学校制定了《东城中心小学众智学堂"六好习惯"培育细则》。其具体内容包括：

（一）认真阅读

（1）实施要求：专心致志，边读边想。

（2）操作建议：每天坚持10分钟的静心阅读，让学生养成阅读教科书的习惯。

（3）行为规则：眼离书本一尺远，胸离桌子一拳，眼看书，手拿笔。

（4）传授方法：边看边画，边读边记，边读边思。

（二）耐心倾听

（1）实施要求：坐姿规范，眼神交流。

（2）操作建议：创设和谐宽松的倾听氛围，让学生树立倾听意识，对学生进行倾听评价、耐心评价等。

（3）行为规则：注目倾听，停手倾听，看手势倾听。

（4）传授方法：学生能复述重点，补充遗漏点，抓住关键点。

（三）独立思考

（1）实施要求：独立思考，勇于表达自己的观点。

（2）操作建议：留给学生充裕的思考时间，问题设计有梯度，及时表扬有想法的学生。

（3）行为规则：独立思考，大胆质疑，勇于探索。

（4）传授方法：思考教师讲解的知识，思考别人的不同意见，思考还有哪些解决问题的方法。

（四）交流合作

（1）实施要求：分工合作，耐心倾听，轮流发言。

（2）操作建议：将学生分为两人或四人一组的学习小组，对各小组内的成员进行明确的分工。

（3）行为规则：小组讨论时注意音量适当，同学发言时应目视对方，等别人把话说完再发表自己的意见。

（4）传授方法：教师科学合理地设计"学习任务单"和"讨论题"；组长认真组织组员开展合作学习，并及时做好记录；组长根据组内成员的意见，形成小组意见，推荐一名同学进行发言。

（五）大胆发言

（1）实施要求：站姿端正，声音响亮，表达简明清晰。

（2）操作建议：鼓励发言，及时表扬。

（3）行为规则：发言有理有据，逻辑清晰，表达有序。

（4）传授方法：仔细倾听问题，认真思考，大胆举手，精准表达。

（六）规范作业

（1）实施要求：格式规范，字迹工整，页面整洁。

（2）操作建议：作业设计要符合教学要求和学生实际，有利于学生巩固和掌握所学知识，掌握和提高专业技能、技巧。

（3）行为规则：按时按质完成作业，仔细检查，查漏补缺。

（4）传授方法：先复习再作业，先思考再下笔，避免犯同样的错误。

"六好习惯"之间互相联系、互相作用，构成了一个培养学生良好学习习惯的体系。教师应按照"六好习惯"的实施要求、操作建议、行为规则、传授方法，让学生养成良好的课堂学习习惯，促进学生全面发展。

二、制定"六好习惯"争章活动

为进一步落实《东城中心小学众智学堂"六好习惯"培育细则》，数学科组将培养学生认真阅读、耐心倾听、独立思考、交流合作、大胆发言、规范作业"六好习惯"与争章活动（向阳章、传承章、立志章、团结章、勇敢章、小主人章）有机结合起来。其中，认真阅读的学生，可得一枚向阳章；耐心倾听的学生，可得一枚传承章；独立思考的学生，可得一枚立志章；交流合作的学生，可得一枚团结章；大胆发言的学生，可得一枚勇敢章；规范作业的学生，可得一枚小主人章。

"向阳章"：授予认真阅读的学生。学生入室即静，入座即学，带领其他同学一起认真阅读。

"传承章"：授予耐心倾听的学生。学生耐心聆听他人观点，虚心采纳他人意见。

"立志章"：授予独立思考的学生。学生独立思考解决问题，具有远大志向。

"团结章"：授予交流合作的学生。与同学融洽相处，互帮互助，共同进步。

"勇敢章"：授予大胆发言的学生。在课堂上与老师积极互动，积极回答问题，大胆发言，敢于表达不同意见。

"小主人章"：授予规范作业的学生。把学习当作自己的事情，对待作业认真细致，按时按质完成作业。

数学科组在每学期开始时，将《争章册》发放给学生，期末收回。第5周、第10周、第15周、第19周，每班都会评选出5名在课堂习惯方面表现优秀的同学，根据他们的表现授予相应的奖章。学期结束后，对学生获得的奖章数量进行统计。奖章总数位居前十名者，授予"众智标兵"的荣誉。

如此一来，争章活动就成为学生快乐学习的源泉。

三、推进"六好习惯"培育常态化

"六好习惯"培育常态化，对于提高课堂教学效率、让学生应学尽学具有重要的作用。如何有效推进"六好习惯"培育常态化呢？

首先，让学生明白"六好习惯"的内容和要求。一是在教室张贴"六好习惯"宣传标语；二是将"六好习惯"编成顺口溜。如学习好，有诀窍，课堂规矩很重要；上课时，认真听，专心致志不分神；有疑问，多动脑，独立思考最重要；遇问题，多思考，有序说话表达清。

其次，营造良好氛围。师生共同制定评选"六好习惯"标兵细则，定期评选在某一方面表现突出的学生，授予其向阳章、传承章、立志章、团结章、勇敢章、小主人章。教师在教室设置"六好习惯"竞赛专栏，动态地记录每名学生"六好习惯"的养成足迹。此外，将"六好习惯"的培育渗透进对公开课教研活动、常态教研活动、各类比赛之中，让"六好习惯"入脑入心。

最后，表彰展示。数学科组将"六好习惯"培养渗透到日常教育教学之中，每周、每月定期检查师生在常态课堂上的表现，并按照"六好习惯"的要求，评选"发言标兵班""阅读标兵班""倾听标兵班""合作标兵班""思维标兵班"等。对于获得标兵班荣誉的班级，在全校进行表彰，积极营造"比学赶超"的氛围。

综上所述，数学科组以培养学生良好学习习惯为抓手，通过打造"六好习惯"品质课堂，力争从源头上实现"双减"。

四、彰显"六好习惯"培育成效

"争章"活动开展以来，全校既形成了"比学赶超"的氛围，又充满了"团结"的"味道"，学生们的阅读、倾听、思考、合作、发言、作业等能力均得到不同程度的提升。不管是在常态课上，还是在公开课、展示课上，学生们都主动参与课堂学习，表现出自信积极的精神面貌。"争章"活动激发了学生们养成"六好习惯"的热情，使学生们沉浸在阅读的快乐中，明白合作的重要性，认识到学习是自己的事情。而课堂高效提质、课后科学减负后，学生们的课外研学活动更加丰富多彩，各方面均获得了充分、和谐、自由的发展。

"众智课堂"科研组认为，学生是学习的主人，校园是学习的乐园。而推进"六好习惯"培育常态化、开展"争章"活动，是落实"双减"政策的有效举措，其不仅有助于实现课堂增效、课后减负，还能促进学生的全面发展。

参考文献

一、专著

中华人民共和国教育部：《义务教育数学课程标准（2011 年版）》，北京师范大学出版社，2012。

中华人民共和国教育部：《义务教育数学课程标准（2022 年版）》，北京师范大学出版社，2022。

人民教育出版社课程教材研究所小学数学课程教材研究开发中心编著：《义务教育教科书·教师教学用书·数学·一年级·上册》，人民教育出版社，2022。

人民教育出版社课程教材研究所小学数学课程教材研究开发中心编著：《义务教育教科书·教师教学用书·数学·一年级·下册》，人民教育出版社，2022。

人民教育出版社课程教材研究所小学数学课程教材研究开发中心编

著:《义务教育教科书·教师教学用书·数学·二年级·上册》，人民教育出版社，2022。

人民教育出版社课程教材研究所小学数学课程教材研究开发中心编著:《义务教育教科书·教师教学用书·数学·二年级·下册》，人民教育出版社，2022。

人民教育出版社课程教材研究所小学数学课程教材研究开发中心编著:《义务教育教科书·教师教学用书·数学·三年级·上册》，人民教育出版社，2022。

人民教育出版社课程教材研究所小学数学课程教材研究开发中心编著:《义务教育教科书·教师教学用书·数学·三年级·下册》，人民教育出版社，2022。

人民教育出版社课程教材研究所小学数学课程教材研究开发中心编著:《义务教育教科书·教师教学用书·数学·四年级·上册》，人民教育出版社，2022。

人民教育出版社课程教材研究所小学数学课程教材研究开发中心编著:《义务教育教科书·教师教学用书·数学·四年级·下册》，人民教育出版社，2022。

人民教育出版社课程教材研究所小学数学课程教材研究开发中心编著:《义务教育教科书·教师教学用书·数学·五年级·上册》，人民教育出版社，2022。

人民教育出版社课程教材研究所小学数学课程教材研究开发中心编著:《义务教育教科书·教师教学用书·数学·五年级·下册》，人民教育出版社，2022。

人民教育出版社课程教材研究所小学数学课程教材研究开发中心编著：《义务教育教科书·教师教学用书·数学·六年级·上册》，人民教育出版社，2022。

人民教育出版社课程教材研究所小学数学课程教材研究开发中心编著：《义务教育教科书·教师教学用书·数学·六年级·下册》，人民教育出版社，2022。

二、论文

郭欣红：《翻转课堂与传统教学模式优势比较分析》，《安徽职业技术学院学报》2016 年第 6 期。

谢忠燕：《小学数学图形与几何领域教学策略和教学模式的研究》，《蒙古教育》2016 年 5 期。

魏燕霞：《实施有效教学策略，发展学生空间观念》，《课程与教学》2015 年第 1 期。